Renate Kauderer

Riten und Feste im Kreis des Lebens

Archaische und zeitgemäße Rituale und Inspirationen für die Wendepunkte im Lebenskreis

Impressum

ISBN 978-3-903163-13-3

1. Auflage, August 2020

Layout/Satz: © printverlag.at
© Bilder/Verzeichnis: Seite 187

Lektorat: Mag.ª Dr.in phil. Helga Müllneritsch

Produktion: Alföldi Nyomda AG

Haftungsausschluss

Die in diesem Buch vorgestellten Informationen sind sorgfältig recherchiert und wurden nach bestem Wissen und Gewissen weitergegeben. Dennoch übernehmen Autorin und Verlag keinerlei Haftung für Schäden irgendeiner Art, die direkt aus der Anwendung oder Verwendung der Angaben in diesem Buch entstehen. Die Informationen in diesem Buch sind für Interessierte zur Weiterbildung gedacht. Bei gesundheitlichen Störungen sprechen Sie sich unbedingt mit Ihrem Arzt ab. Die vorgestellten Methoden bieten keinen Ersatz für eine therapeutische oder medizinische Behandlung.

Inhaltsverzeichnis

Vorwort

Existenzielle Themen im Leben unterliegen seit grauer Vorzeit bestimmten Riten und kultischen Handlungen. Im Kreis des Lebens treten Wendepunkte, an denen wir in eine neue Lebensphase hinübergleiten, besonders hervor. Mit den Ritualen und Festen beim Übertritt der Schwellen in einen weiteren Lebensabschnitt feiern wir das Mysterium des Lebens selbst. Im Zuge meiner Lehr- und Beratungstätigkeit treten immer wieder Menschen mit der Bitte um persönliche Rituale für die Feste im Lebenskreis an mich heran. Ob Geburt, Namensgebung, Pubertätsriten, Hochzeit oder Abschied von geliebten Menschen; immer öfter taucht der Wunsch nach Ritualen für diese Ereignisse auf, die religionsunabhängig und individuell sind. Die letzten Jahre haben ein wachsendes Interesse an uralten, archaischen Riten für die Wendepunkte im Lebenskreis gezeigt. Vor allem Frauen möchten sich alte Rituale zurückholen, die sie in die Ursprünge unserer Kultur einbinden. Sie möchten die Feste im Lebenskreis jenseits übernommener religiöser Konventionen oder traditioneller Vorgaben feiern. Rituale für die Menopause oder die „Erntezeit" im Herbst des Lebens sind vollkommen verschwunden. Sie wollen wiederentdeckt und als bedeutsame Zäsur im Leben zurückerobert werden.

Der Pfad durch die Tore auf den Stufen der Einweihung im Kreis des Lebens ist gesäumt von magischen Kräutern. Oft sind es Pflanzen mit ihren feinstofflichen Kräften, die als Zündstoff das Tor der Bewusstwerdung für die Lernaufgaben eines neuen Lebensabschnittes öffnen. Sie fungieren als Verbindungsglied, das dabei hilft, wahrzunehmen, dass der Kreis des Lebens nur ein weiterer Kreis im Kreis der Natur und im Kreis kosmischen Wirkens ist.

Ich freue mich, dass dieses Buch Sie durch den Lebenskreis begleiten und Inspiration für die Riten des Übergangs in seinem Verlauf sein darf.

Renate Kauderer, August 2020

„Jedem Anfang wohnt ein Zauber inne“

Herman Hesse

1 Geburt

Von archaischen Stammesritualen bis heute

Betrachtet man die Geschichte der Geburt mit all den mystischen, magischen, berührenden Ritualen rund um den Zauber eines neuen Lebens, so ist eines über Zeitalter hinweg gleich geblieben: Mit der Ankunft eines Kindes wird das Leben der Eltern wunderbar und vollkommen auf den Kopf gestellt.

Für die Mutter bedeutet dieses einschneidende Erlebnis eine weitere Initiation in die Stufen eines Frauenlebens. Neun Monate ist das Wunder eines neuen Lebens in ihr herangewachsen, um sich seinen Weg in die Welt zu bahnen. In dieser Zeitspanne des „Erwartens" wurde die Entscheidung getroffen, wo die Geburt stattfinden soll. In den Gesprächen mit dem betreuenden Arzt/Ärztin, der Hebamme und weiteren Geburtshelfern wurden im besten Fall Fragen beantwortet und alle Unsicherheiten oder Ängste ausgeräumt. Diese Gespräche sind für die werdende Mutter ebenso bedeutsam wie für den Vater, der seiner Partnerin vielleicht bei der Geburt beistehen möchte. Der zunehmenden Entfremdung vom initiatorischen Mysterium der Geburt durch eine sterilisierte, nüchtern wissenschaftliche Abwicklung versuchen engagierte Frauenärzte/-ärztinnen, Hebammen und vor allem Eltern in spe in den letzten Jahren entgegenzuwirken. Ob es ein geschützter Raum in vertrauter Umgebung, veränderte Geburtspositionen, die Gegenwart des Partners oder einer anderen Vertrauensperson versus unpersönlicher Klinikatmosphäre sind, immer werden das körperliche und psychische Wohl von Mutter und Kind oberste Priorität haben.

Die Mutter erfährt im Geburtsakt eine elementare Energie, die mitreißt, um sie immer wieder über die scheinbaren Grenzen ihrer Kraft hinauszutragen und sie mit ihrer Verletzlichkeit und ungeahnten Stärke zu konfrontieren. Der Moment, in dem sie sich auf die Wehen einlässt und die Kontrolle als Eintauchen in den Schöpfungsakt abgibt, verbindet sie mit allen Frauen zurück in archaische Zeiten und dem Mysterium des Weiblichen.

Das Neugeborene hat mit der Geburt ebenso einen Kraftakt hinter sich, den Transit von einer Ebene der Realität auf die andere. Auch Väter, die sich dafür entschieden haben, ihrer Partnerin bei der Geburt beizustehen, erleben die Initiation in die Mysterien der Geburt auf eine ganz besondere Weise. Es kann für den Vater ein tiefgreifendes, berührendes Ereignis sein, seiner Frau Mut zu machen, ihre Hand zu halten, sie zu stützen, zu massieren oder gleichsam seine Kraft in sie fließen zu lassen. Ein Wechselbad an Gefühlen von Hilflosigkeit bis zum Ohnmachtsgefühl oder sogar das Empfinden von Ausgeschlossenheit bis zu Euphorie und tiefer Bewegtheit werden diese Stunden prägen, bis das Kind geboren ist. Nicht selten aber entschließen sich werdende Väter gegen ihre innere Überzeugung, dem Druck der Erwartung gehorchend, bei der Geburt dabei zu sein. Auf jeden Fall sollte bereits in offenen Gesprächen vor der Entbindung geklärt werden, was für die Mutter und den Vater die sinnvollste Lösung ist. Der Ansturm der Gefühle, die tiefe Liebe und Freude, wenn die Eltern ihr Kind endlich in die Arme nehmen können, sind ebenso normal wie die Unsicherheit und Sorge vor der schier überwältigenden Aufgabe, die vor ihnen liegt, bis das Kind erwachsen ist. Viele Väter baden und wickeln das Baby nach der Geburt, trösten es mit Hautkontakt und versuchen ihm auf liebevolle Weise den Einstieg ins Erdendasein leichter zu machen. Bei diesem ersten Kennenlernen, dem ersten Blickkontakt und den ersten zärtlichen Berührungen bauen sie eine Bindung zu ihrem Kind auf, die der Beginn einer wunderbaren Beziehung sein kann. Mit diesem Ritual nach der Geburt beginnt für das Elternpaar und das Kind das Leben als Gemeinschaft – als Familie.

Für die Völker vorchristlicher Zeit waren bestimmte Rituale nach der Geburt entscheidend dafür, ob das Neugeborene in den Stamm bzw. die Sippe aufgenommen wurde. In germanischen Stämmen war die Hebamme, die weise Pflanzen- und Heilkundige der Gemeinschaft, in das magische Ritual der Namensgebung und Aufnahme in die Sippe eingebunden. Sie legte das Neugeborene zuerst auf die Erde, den mütterlich, nährenden Schoß der heidnischen Muttergöttin, um es mit diesem lebensspendenden Element in Kontakt zu bringen. Dreimal umschritt sie das Kind, um auf den Pfaden der alten Schicksalsgöttinnen seinen Lebensweg zu erahnen. Danach wurde das Kind dem wartenden Vater auf den Schoß gesetzt und mit Wasser besprengt. Wasser findet sich in vielen Märchen als Element des Lebens. Dem Vater oblag es, dem Kind einen Namen zu geben. Neugeborene Knaben erhielten oft den Namen des Großvaters, der dadurch mit seinem Namen im Enkel weiterlebte, denn der Wesenskern eines Menschen schien den germanischen Völkern zutiefst mit seinem Namen verbunden zu sein. Zugleich mit dem Namen erhielt das Kind ein Geschenk des Vaters, mit dem er ihm im übertragenen Sinn einen Teil dessen gab, was ihn als Person ausmachte. Erst mit diesem Ritual war das Kind ein Teil der Familie und ein Teil des Stammes, und hatte somit Anspruch auf Schutz und Nahrung. Der Vater nahm mit dem vollständigen Vollzug dieses Rituals seine schützende Rolle und seine Pflichten als Vater an. Die heilige Wasserweihe der Kelten und Germanen ist der Ursprung des christlichen Taufrituals.

In der römischen Kultur begleiteten die Geburtspriesterinnen der Göttin Juno Mutter und Kind durch die Schwangerschaft, die Geburt und die Zeit des Stillens. In patriarchal orientierten Religionssystemen wird das lebensspendende Mysterium der Geburt als unrein erklärt. Wurzeln für ein Reinigungsritual nach der Geburt finden sich im Alten

Testament (Levitikus 12). Nach der Geburt eines Sohnes gilt eine Frau 40 Tage lang als unrein, nach der Geburt einer Tochter sogar 80 Tage lang. Der 2. Februar, Maria Lichtmess, gilt nach der Geburt ihres Sohnes Jesus als Tag der rituellen Reinigung Marias im Tempel.

Pflanzenzauber für Mutter und Kind

Um die Mutter in ihrer kräfteraubenden Geburtsarbeit zu unterstützen und den Säugling mit duftender Geborgenheit einzuhüllen, stopften unsere Vorfahren bestimmte Kräuter in die Kissen und Matratzen der Gebärenden. Diese „„„Bettstrohkräuter“““ erfüllten das Wöchnerinnenzimmer mit ihrem aromatischen, beruhigenden Duft und entspannten die Mutter und das Neugeborene.

Das „Echte Labkraut“ (Galium verum) zählt zu diesen „Liebfrauenstrohkräutern“. Für den süßen, angenehmen Honigduft, der einen ruhigen Schlaf schenkt, ist das Cumarin im Labkraut verantwortlich. Als Venuskraut war es der germanischen Göttin Freya zugeordnet, die mit ihrem Segen Familien und Liebende schützte und Fruchtbarkeit spendete. Nach der Christianisierung wurde das Labkraut zu „Mariabettstroh“. Der Legende nach bettete Maria Jesus auf diesen aromatischen Pflanzenschatz, um ihren Sohn in den Schlaf zu wiegen.
Ein weiteres Frauenkraut im Kreis der „Bettstrohkräuter“ ist das Johanniskraut (Hypericum perforatum). Dieses alte Wetterkraut, das man bei aufziehendem Gewitter in die Herdglut warf, um die atmosphärische Spannung zu beruhigen, half bei der Geburt, die Anspannung zu besänftigen.
Dost (Origanum vulgare) wurde sowohl aufgrund seiner schutzmagischen Wirkung als auch wegen seines entspannenden Duftes geschätzt. Unsere Vorfahren waren der Überzeugung: „Baldrian, Dost und Dill, da kann die Hex’ nit, wie sie will“. Da Mutter und Kind während der Geburt und auch danach besonderen Schutzes bedürfen, wurde der Geburtsraum auch mit einer schutzmagischen Räucherung gereinigt. Als Pflanzenverbündete mit besonderen Abwehrkräften gegen Zauber jeglicher Art erachtete man neben Beifuß und Johanniskraut auch Dost und Quendel. Quendel (Thymus serpyllum) stand unter der Schirmherrschaft der schönen griechischen Göttin Aphrodite. Die Germanen weihten die duftende Polsterpflanze ihrer Liebesgöttin Freya. Das Christentum wiederum verknüpfte den Quendel mit der Gottesmutter Maria, die mit dem Jesuskind auf seinen Polstern ausruhte. Als „Mariabettstroh“ unterstützte der Quendel mit seiner krampflösenden Wirkung die Geburt. Sein ätherisches Öl Thymol wirkt überdies desinfizierend. Paracelsus, der Jahrhunderte nach den heidnischen weisen Kräuterfrauen und Hebammen als Arzt tätig war, schätzte Quendel als Beruf- und Beschreikraut, das dazu in der Lage

war, dämonische Kräfte abzuwehren. Zu den Beruf- und Beschreikräutern zählten jene zauberwidrigen Pflanzen, denen man besondere Kräfte im Kampf gegen Verhexung, den bösen Blick und andere Arten von Schadzauber zuschrieb.
Auch Steinklee (Melilotus officinalis), Waldmeister (Galium odoratum) und Mariengras (Hierochloe odorata) durften mit ihrem feinen Cumarinduft nicht im Reigen der „Bettstrohkräuter“ fehlen. In den Frauendreißigern, jener Zeitspanne zwischen dem 15. August und dem 8. September, wenn die Kräuter vor ätherischen Ölen bersten, wurden die „Bettstrohkräuter“ gesammelt und wanderten in die Kräuterapotheke, die nicht nur Frauenkräuter, sondern auch heilsame Pflanzen gegen vielerlei Krankheiten enthielt. Abseits vom häuslichen Kräuterschatz waren es vor allem die Hebammen, Kräuterfrauen und Wurzelseppen, die in den heißen Hundstagen ihre Kräutervorräte auffüllten.

Der Storch bringt das Kind

Die Verbindung zwischen dem Storch und dem Neugeborenen schlägt eine Brücke über die Zeiten, weit zurück in vorchristliche Glaubensvorstellungen, als die allumfassende Göttin Holle die Kinder über den Weg von Seen, Teichen, Mooren und Brunnen in ihr irdisches Zuhause schickte. Das Wasser aus Holles Gewässern macht fruchtbar und beschenkt die Frauen mit dem ersehnten Kind. „Holleteiche“ nannte das Volk diese magischen, heiligen Quellen, die den Segen der Göttin versprachen. Aus Teichen wie etwa dem „Frau-Holle-Teich“ im Bereich des Meißners in Hessen fischte der Bote der Göttin, der Storch, die Kinder und brachte sie zum Haus der künftigen Eltern. Die hölzernen Störche, die heute vielfach nach der Geburt des neuen Familienmitgliedes in den Gärten stehen, zeugen von der subtilen

Urerinnerung an Holle, die im Unbewussten ihre Spuren hinterlassen hat. Sorgsam trägt der Storch das Baby in einer Windel im Schnabel. Die blaue oder rosa Schleife verkündet aller Welt, ob hier ein Bub oder ein Mädchen über das Tor des mütterlichen Schoßes Eintritt in ein neues Leben erhielt.

Der Sippenbaum als Tor zu einem neuen Lebenszyklus

Im Holunder, dem Sippenbaum, sah man das pflanzliche Spiegelbild der dreifachen Erscheinungsform der Göttin Holle.

Das überschäumende, weiße Blütenkleid im Frühling verkörperte die junge, zur Hochzeit bereite Göttin, die die Vegetation nach den langen, dunklen Wintertagen mit neuem Leben erfüllt. Die üppigen, roten Fruchtstände des Holunders waren Sinnbild für die Fruchtbarkeitsgöttin des Sommers, die mit den Früchten der Erde schwanger ist. In den dunklen Herbstfrüchten offenbart sich die Totengöttin, die

die Schatten des schwindenden Lichts durchwandert, um die Seelen der Toten in ihr Reich tief im Leib der Erde zu holen, wo sie unter dem Schutz der Göttin ausruhen, bis ein neuer Lebenszyklus beginnt.

Als Sippenbaum stand der Holunder einstmals bei jedem Gehöft und genoss die Ehrerbietung der Menschen. Der Strauch war einer der Eingänge in Holles lichte Welt. Durch das Tor dieses Schwellenbaumes gelangten die Geistwesen der Kinder in die diesseitige Realität, um als Kind in die Sippe geboren zu werden. Den Seelen der Verstorbenen gewährte der Strauch indes den Übertritt in Holles Reich. Unter dem Holunder opferten die Frauen, um Holle um ein Kind zu bitten. Das Badewasser des eben erst geborenen Kindes wurde unter dem Strauch ausgeschüttet, um das Gedeihen und Wachstum des Kindes zu fördern. Zu guter Letzt opferte man auch unter dem Holunder, damit Haus und Hof geschützt waren und damit Krankheit und Leid fernblieben.

Die Schirmherrinnen der Geburt

In allen Kulturen wachten gütige, starke Göttinnen über das Mysterium der Geburt. Ihrem Schutz vertraute man Mutter und Kind an, ihren Segen erbat man für beide am Tor des Übergangs zu neuem Leben.

Die Göttin Brigid

Die keltische Göttin Brigid ist als Tochter des Dagda, des Sohnes der irischen Muttergöttin Danu, überliefert. Auf ihren Spuren wandert man weit in heidnische Zeit zurück und entdeckt eine innig verehrte und geliebte Göttin, deren charismatisches Wesen bis heute überdauert hat und berührt. Als dreifache Göttin der Kelten repräsentiert sie die Aspekte der Frau: die Jungfrau, die liebevoll nährende, schützende Mutter und die „Weise Alte". Bei Brigids Geburt zu Sonnenaufgang soll eine Flammensäule, die aus ihrem Kopf emporloderte, Himmel und Erde miteinander verbunden haben. Die Göttin des Feuers und der Schmiedekunst hatte ihre Laufbahn mit diesem spektakulären Ereignis begonnen und zeigte ihre Verbundenheit mit der Kraft des Feuers auch weiterhin, als sie als Kind in einem Flammenmeer schlief. Sie gilt als Beschützerin des Herdfeuers und damit im übertragenen Sinn auch als Bewahrerin von Wohlstand und Sicherheit für Haus und Hof. Brigid schenkt den zündenden Funken der Inspiration und der Erleuchtung. Die Legenden erzählen von ihr als Schirmherrin der heiligen Flamme der Initiation und der Poesie, mit der sie die Dichter beschenkt, um die Herzen der Menschen zu berühren. Ihr grüner Mantel der Geborgenheit ist Zufluchtsort für alle, die, mit Sorgen und Herzenskummer beladen, Trost und Schutz suchen.

Besonders Neugeborene und Säuglinge sollen unter ihrem Schutz stehen. Die Göttin soll bei jeder Geburt von den Hebammen angerufen worden sein, um über Mutter und Kind zu wachen. Gemäß keltischer Tradition wurden die Wiegen der Kinder aus Brigids Baum, der Birke, gezimmert. Als magische Verbindung zur segensreichen Kraft der gütigen Göttin wurde die Wiege mit einem Brigidkreuz geschmückt. Als strahlende Frühlingsgöttin begleitet Brigid nicht nur den Neuanfang des Lebens, sondern auch den Beginn des jahreszeitlichen Zyklus. Nach den dunklen, eisigen Tagen des Winters erwachen unter ihrer Berührung die Frühlingsblumen zu neuem Leben und Saft schießt in die Bäume. Als Göttin des Wassers sind ihr viele heilkräftige Quellen geweiht. Wasser bringt den Segen der Fruchtbarkeit, Blühen und Gedeihen für das Land. Ihr unterstehen überdies die Heilkunst, die Heilkräuter und die Landwirtschaft.

In Brigids Tempel in Kildare soll das heilige Feuer der Göttin mehr als tausend Jahre lang, von ihren 19 Priesterinnen bewacht, nie erloschen sein. Jeden Tag hütete eine andere der Priesterinnen die Glut. Am 20. Tag jedoch wachte der Überlieferung nach die Göttin selbst über die Flammen. Nach der Christianisierung entstanden auf Brigids Heiligtum im Schatten einer mächtigen Eiche eine Kirche und ein Kloster, in dem die Nonnen der heiligen Brigid von Kildare für das nie erlöschende Feuer sorgten.

In Brigid von Kildare, der christlichen Heiligen, sind viele Wesenszüge der keltischen Göttin bewahrt. Brigids Kraft ist heute noch im Gewand der christlichen Heiligen in keltisch geprägten Ländern sehr lebendig. Als Göttin, die alle Aspekte des Lebens segnet und begleitet, stellt man alles, worum man bittet, unter den Schutz ihres Mantels.

Der Name der segensreichen Göttin leitet sich vom keltischen *breo-saighit* in der Bedeutung von *feuriger, leuchtender* oder *brennender Pfeil* ab. Oft wird das Wort auch als *Strahlende* oder *Erhabene* interpretiert. Derselben Wortwurzel entspringt auch der Name Birke, der Name desjenigen Baumes, der so eng mit der Göttin verknüpft ist, die jeden Neubeginn begleitet. Als sichtbares Zeichen dafür wird das Brigidkreuz, das den Neugeborenen in der Wiege Schutz verheißt, auch über Haus- und Stalltüren befestigt, um den Segen der Göttin zu erbitten.

Der Wiegenbaum der Göttin Brigid

In ihrer zarten Anmut scheint die Birke der vegetative Doppelgänger der jungen, strahlenden Frühlingsgöttin zu sein. Als Pionierbaum kehrte sie als einer der ersten Baumfreunde nach dem Ende der letzten Eiszeit in unseren Kulturraum zurück. Brigids Baum ist nicht nur ein Symbol für das Erwachen der Natur nach den langen, dunklen Wintermonaten, sondern auch ein Sinnbild für jegliche Form des Neubeginns. Unsere Ahnen fertigten die Wiegen der Kinder aus Birkenholz an, um den Neubeginn der wiedergekehrten Seelen schützend zu begleiten. Im keltischen Baumalphabet steht die Birke/Beth an erster Stelle, sozusagen als Tor zur Weisheit. Überdies zählt dieser heilige Baum der Kelten zu jenen Bäumen, mit deren Kraft Lebensgeister geweckt und Fruchtbarkeit übertragen wurden. Als Lebensrute steht die Birke nicht nur für die Wachstumskräfte des Frühlings, sondern für Fruchtbarkeit allgemein. Der archaische Brauch des Quickens (erquicken/beleben) überliefert, dass dem Vieh und den jungen Frauen ein Schlag mit der Birkenrute versetzt wurde, um sie mit Fruchtbarkeit zu segnen. Der Wunsch nach Fruchtbarkeit, Gedeihen und Wachstum hat seit heidnischer Zeit nichts an Aktualität verloren. Noch heute ist es

Brauch, bei der Fronleichnamsprozession, die Merkmale der Tradition der Flurumgänge aufweist, alle Stationen des Weges und alle Häuser mit Birkenzweigen zu schmücken. Die Germanen verkörperten den Schutz und die segensreiche Kraft von Wachstum und Gedeihen in der Birkenrune Berkana. Sie stellt die Verbindung zur mütterlichen Erdgöttin her und begünstigt als magisches Zeichen Wachstumsprozesse auf allen Ebenen.
Vielleicht darf auch Ihr Kind in einem Bett aus dem freundlichen, hellen Holz der Birke einer verheißungsvollen Zukunft entgegenträumen.

Die Göttin Isis

Isis war die allumfassende Muttergöttin Ägyptens. Ihre Mutter war die Göttin Nuit, der Raum zwischen den Sternen, ihr Vater der Erdgott Geb. Am Höhepunkt ihrer Verehrung erstreckte sich der Kult der vielschichtigen Göttin von den Ufern des Nils bis zu den Gestaden des Rheins. Nach der Eroberung Ägyptens durch Alexander den Großen verbreitete sich die Verehrung von Isis, der Allgegenwärtigen, auch in der griechischen Kultur.
Isis leitet sich vom ägyptischen Wort *as(e)t* ab und bedeutet so viel wie *Sitz* oder *Thron*. Au Set (die unübertreffliche Kriegerin) wurde als Mondgöttin, Göttin des Wassers, Korngöttin, Göttin der Fruchtbarkeit oder Meeresstern verehrt. Sie ist die Himmelskönigin, die schützende Mutter, unter deren ausgebreiteten Vogelschwingen die Menschen Schutz, Trost und Geborgenheit finden. Oftmals wird sie mit einer Sonnenscheibe zwischen zwei Kuhhörnern und zwei Straußenfedern als Zeichen von Wahrheit und Gerechtigkeit dargestellt. Insbesondere die Kuh repräsentiert den mütterlichen Aspekt der Göttin,

ihr nährendes und gütiges Wesen. Hin und wieder wird Isis, ähnlich wie die nordische Göttin Freya, auch als nährende Sau abgebildet, was sie wiederum als Muttergöttin ausweist. Ihre innige, weitverbreitete Verehrung begründete sich auch darauf, dass Isis neben ihren unsterblichen Zügen als mächtige Göttin auch durchaus menschliche Aspekte als Frau und Mutter zeigte.

Isis war mit ihrem Bruder Osiris verheiratet, während ihre Schwester Nephtys die Frau ihres zweiten Bruders Seth war. Neid auf seinen Bruder Osiris trieb Seth dazu, Osiris zu töten und die zerstückelten Teile zu verstreuen. Gemeinsam mit ihrer Zwillingsschwester Nephtys gelang es der untröstlichen Isis, die Teile ihres Geliebten zu finden, zusammenzusetzen und Osiris mithilfe ihrer Heilkunst und Magie wieder zum Leben zu erwecken. Einzig und allein der Penis ihres göttlichen Gatten blieb unauffindbar und wurde durch eine Nachahmung aus Gold ersetzt, mit der Isis ihren Sohn, den falkenköpfigen Sonnengott Horus, empfing. Die Göttin schützte ihren heranwachsenden Sohn umsichtig und liebevoll vor den Rachebestrebungen des eifersüchtigen Seth. Viele Abbildungen zeigen Horus geschützt und geborgen in den Armen seiner Mutter. Diese Form der Darstellung findet sich bei Maria und ihrem Sohn Jesus wieder, ebenso wie die Mondsichel und der sternenübersäte Schutzmantel der Himmelskönigin. Als sich in den Jahrhunderten der gemeinsamen Existenz heidnisch-religiöser Vorstellungen und des aufstrebenden Christentums die alten Göttinnen – und damit auch Isis – zunehmend zurückzogen, nahm unter dem Druck der Christianisierung Maria, als Himmelskönigin und Meeresstern, ihren Platz ein. Der Geburtstag der Göttin Isis am 15. August gewann nun im Rahmen der Marienverehrung als „Maria Himmelfahrt“ Bedeutung.

Isis gilt nicht nur als Sinnbild der weiblichen Schöpfungskraft und Mütterlichkeit, sondern auch als Heilerin und mächtige Magierin, die der hermetischen Weisheit kundig war. In Ägypten wurde die große Muttergöttin zu Mittag mit dem Verräuchern von Myrrhe geehrt. Das Harz soll aus den Tränen ihres Sohnes, des Falkengottes Horus, entstanden sein. Isis gilt als Schutzgöttin der Kinder und wurde von Müttern um Hilfe für ihre Kinder angerufen. Das Tor zum Beginn eines neuen Lebens wurde mit dem Isis geweihten pflanzlichen Geburtshelfer Eisenkraut aufgestoßen.

Die Heilmittel der Göttin Isis

Eisenkraut *(Verbena officinalis)*
Im Volksmund wird das Geburtskraut der alten Mondgöttin Ägyptens auch „Isisträne" genannt. Als wehenfördernder Pflanzenhelfer wurde es in der traditionellen Volksmedizin eingesetzt. Der im Eisenkraut enthaltene Inhaltsstoff Verbenalin unterstützt den Geburtsverlauf, um dem Kind das Tor in diese Welt zu öffnen. Das echte Eisenkraut (Verbena officinalis) ist nicht als ätherisches Öl vorhanden. Dieses wird aus Zitroneneisenkraut gewonnen, das allerdings keine wehenunterstützenden Stoffe enthält. Auch die fruchtbarkeitssteigernde Verwendung von Eisenkraut ist überliefert. Isis, die Mondgöttin, regiert über die Zyklen des Mondes ebenso wie über die Zyklen des weiblichen Körpers.

Vom römischen Schriftsteller Plinius wird überdies berichtet, dass römische Unterhändler das „Diplomatenkraut" bei Verhandlungen mit

dem Feind bei sich trugen. Offensichtlich trägt das heilige Kraut der Druiden zu einer ausgeglichenen Stimmung bei, wie es bei Verhandlungen sicher erwünscht war.
In der keltischen Tradition wurde Eisenkraut als Toröffner in andere Seinsebenen verwendet. Die Druiden trugen Kränze aus Eisenkraut im Haar, um den Geist klar zu halten, sich für Hellsehen und Wahrträume zu öffnen und sich vor magischen Übergriffen zu schützen.

Myrrhe *(Commiphora myrrha)*

Myrrhe speichert sowohl die Kraft der Sonne als auch die Energie der Erde in verdichteter Form in den gelb- bis dunkelbraunen Harztropfen. Der herbe, klare Duft und die heilsamen Eigenschaften der Myrrhe werden seit der Antike überaus geschätzt. Das kostbare Harz wurde bereits in vorchristlicher Zeit mit Kamelkarawanen durch die Wüste transportiert, um in den Weltreichen Babylon, Israel, Phönizien sowie im römischen Imperium zu hohen Preisen verkauft zu werden. Myrrhe weist immunstärkende und desinfizierende Eigenschaften auf. Die Kraft, die der Myrrhenbaum im Zuge der Harzgewinnung zur Schließung seiner Wunden aufbringt, stellt er auch im medizinischen Gebrauch zur Verfügung. Das Harz treibt den Heilungsprozess alter Wunden und Verletzungen voran, wirkt entzündungshemmend und pilztötend; Eigenschaften, die in der traditionellen Volksheilkunde geschätzt wurden und in der zeitgemäßen Frauenheilkunde einer Betrachtung wert sind.

Myrrhe, das kostbare Geschenk der Göttin Isis, war zudem ein beliebtes Aphrodisiakum. Der Myrrhe-Liebeszauber soll vor allem Frauen stimuliert haben. In verschiedenen Kulturen galt Myrrhe als Symbol für den fruchtbaren, gebärenden Schoß der Erde und als Sinnbild für die weibliche Erotik. Die duftenden Harzkörner sollen das Bewusstsein für das Mysterium der weiblichen Gottheiten öffnen und eine Verbindung zu dieser geheimnisvollen Kraft herstellen. Eine Verräucherung von Myrrhe lässt uns unseren Körper spüren und annehmen. Die Verbindung zur erdigen Kraft des Harzes, die im Verglimmungsprozess freigesetzt wird, öffnet für Sinnlichkeit, hilft aber auch, gut geerdet zu sein.

Die Göttin Artemis

Die griechische jungfräuliche Göttin wies sich bereits bei ihrer Geburt als Hebamme aus. Die Tochter von Zeus und der Titanin Leto war die Zwillingsschwester des Sonnengottes Apoll. Kaum geboren, half Artemis ihrer Mutter, Apoll zu gebären. Die Göttin der Jagd durchstreift mit Pfeil und silbernem Bogen in Begleitung von Nymphen die Wälder. Der Bogen ist ein Symbol für den Mond, über dessen zyklische Kräfte sie herrscht. Als Mondgöttin steht sie auch in Verbindung mit dem weiblichen Zyklus und den initiatorischen Übergängen, die mit der Veränderung des weiblichen Körpers einhergehen. Die Schirmherrin der Frauen und Kinder wurde von den Frauen und Hebammen gleichermaßen bei der Geburt angerufen.

Die Göttin des Waldes trägt auch den archaischen Aspekt der Herrin der Tiere in sich. Zu ihren besonders geschätzten heiligen Tieren zählen der Hirsch und der Bär. Die griechische Mythologie überliefert den Jäger Aktaion, der eines Tages in Begleitung seiner Hunde jagend die Wälder durchstreifte. Als er dabei auf Artemis stieß, die nackt in einer Quelle badete, und sie bewundernd beim Bad beobachtete, verwandelte die Göttin ihn wutentbrannt in einen Hirsch. Aktaions Hunde, die ihren Herrn in Gestalt des Hirsches nicht erkannten, hetzten den Jäger unbarmherzig durch den Wald und rissen ihn schließlich in Stücke. Ihre besondere Verbindung zum Bären oder zur Bärin verweist auf einen archaischen Bärenkult, der zu den ältesten religiösen Riten zählt. Beim Fest zu Ehren von Artemis in Brauron tanzten als Bärinnen verkleidete junge Mädchen vor dem Altar der Göttin, um ihr zu huldigen.

Im römischen Götterhimmel wird Diana oft mit Artemis gleichgesetzt. Als Schutzgöttin der Geburt und der stillenden Frauen trägt sie den Namen Diana Egeria, die man auch bei Kinderwunsch um Hilfe bat. Der grausame, wilde, zerstörerische und unzähmbare Aspekt der Göttin Artemis, die Leben gibt, aber auch zerstört, wurde bei abnehmendem Mond verehrt. Ihre Heiligtümer finden sich häufig in der Nähe von Quellen, den Eingängen zur Unterwelt. Die Hunde in ihrer Begleitung sind als Wächter der Tore zur Unterwelt bekannt. Die Heilpflanzen unter der Schirmherrschaft der Göttin, die Frauen und Kinder schützt, sind Geburtskräuter.

Die Geburtskräuter der Göttin Artemis

Beifuß *(Artemisia vulgaris)*

Als Artemisiagewächs ist Beifuß ein Frauenkraut, das zur Erleichterung des Geburtsvorganges eingesetzt wurde. Seine wehenfördernde, krampflösende Wirkung öffnet den weiblichen Schoß, um den Eintritt der Seele in einen neuen Lebenszyklus vorzubereiten. Die Schamanen verschiedener Kulturen verwendeten den „Hüter der Schwelle" und Toröffner zu anderen Seinsebenen als Räucherkraut. Beifuß zählte zu jenen Kräutern, mit denen die Hebamme das Wochenbett und den Geburtsraum beräucherte, um die Anwesenheit und den Beistand der göttlichen Schirmherrin der Geburt zu gewährleisten und Schadeinflüsse fernzuhalten. Die Gebärende erhielt zudem ein Büschel Beifuß in die Hand gedrückt, um, geschützt und behütet, ihr Kind auf die Welt zu bringen. Das „Schlosskraut", dass den Geburtsverlauf unterstützt und den weiblichen Schoß öffnet, wird in der traditionellen Volksheilkunde auch zur Förderung der Regelblutung eingesetzt. Bei Beifußallergien, zu starker Regelblutung, Bluthochdruck und natürlich Schwangerschaft darf Beifuß nicht verwendet werden.

Eine Räucherung mit dem würzigen Geburtskraut wirkt entspannend und wärmt den ganzen Organismus. Beifuß unterstützt Transformationsprozesse und verleiht Kraft, um loszulassen, über die Schwelle zu gehen und Neues anzunehmen. In diesem Sinne vermag der „Machtwurz" auch bei traumatischen Erlebnissen und Trennungen hilfreich zu sein. In Schutz- und Reinigungsräucherungen ist Beifuß traditionell unverzichtbar.

Wermut *(Artemisia absinthium)*

Als Pflanze der Geburtsgöttin Artemis war Wermut Bestandteil der volkstradierten Frauenheilkunde. Er wirkt menstruationsfördernd und war lange Zeit als Abtreibungsmittel bekannt. Wie Beifuß galt auch Wermut jahrhundertelang als wirksames Mittel gegen destruktive Einflüsse. Das „Wiegenkraut" wurde den Kindern in die Wiege gelegt, um sie vor Zauberei zu schützen. Für Schwangere ist Wermut nicht geeignet.

In einer Räucherung regt der warme, aromatische Duft den Energiefluss an und wirkt Erschöpfungszuständen entgegen. Als Transformationskraut hilft er, aus Kummer und Depressionen zurück zur Lebensfreude zu finden.

Eberraute *(Artemisia abrotanum)*

Als menstruationsförderndes Kraut der Artemis ist die Eberraute seit Langem bekannt. Die volkstümlichen Namen „Schoßwurz" und „Stabwurz" verweisen auf den Gebrauch als Frauenkraut und den Einsatz als magisches Kraut im Liebeszauber. Der Überlieferung nach vermag die Eberraute Liebe anzuzaubern. Diese Liebe hält zwar nicht lange an, kann jedoch „Maiden's Ruin" sein, wie der englische Name der Eberraute besagt. Die Sommersonnenwende war in vorchristlicher Zeit ein Fest, bei dem man voller Dankbarkeit und ausgelassener Freude die Wachstumskräfte feierte. Frauen banden sich bestimmte Zauberkräuter an die Schenkel, den Bauch und die Vulva, um fruchtbar zu werden. Das berühmteste war die Eberraute. Der volkstümliche Name „Eberrute" (Penis des Wildschweins) besagt viel über die Kräfte, die man dieser Pflanze der Artemis zutraute.

In einer Räucherung zählt man seit Jahrhunderten auf die Hilfe dieses Pflanzenwesens, um Schadeinflüsse oder anders ausgedrückt, Druden, Hexen und Zauberei abzuwehren. Die Eberraute zählt zu den „Neunerlei Kräutern", die Haus und Hof schützen. Schwangere dürfen Eberraute nicht verwenden.

Die Saligen Frauen – mythische Geburtshelferinnen der Alpen

Die Sagen der Alpen erzählen von wilden Frauen oder Fräulein, die man mancherorts als die Saligen kennt. Keltisch *salvos* ist in der Bedeutung von *heil* und *heilig* überliefert. Die Saligen sollen einem uralten Volk vor unserer Zeit entstammen, das die besondere Energie der Kraftplätze in den Alpen kannte. Eingeweiht in die Geheimnisse der Heilpflanzen halfen sie, Mensch und Tier gesund und heil zu halten. Sie unterstützten die Bewohner der harschen Alpenwelt in vielen Nöten, vor allem jedoch standen sie den Frauen bei, neues Leben in die Welt zu bringen.

Rituale, um die Geburt eines Kindes zu feiern

Zu den häufigsten Ritualen rund um die Geburt eines Kindes zählen die Gabe von Geschenken – oft mit symbolträchtigem Charakter – und das Sammeln und Aufbewahren von Erinnerungsstücken im Zusammenhang mit diesem besonderen Tag. Schriftliche Glückwünsche erinnern das Baby in den kommenden Jahren an die Menschen, die sich mit seinen Eltern über die Geburt gefreut haben. Die Tageszeitung stellt ein Stück Zeitgeschichte dar. Eventuelle Geschenkmünzen wandern in eine „kostbare“ Schatztruhe, um später Grundlage für die Erfüllung eines besonderen Wunsches, einer Reise usw., zu sein. Die Worte und Sätze, die Besucher beim ersten Anblick des Neugeborenen aussprechen, sorgen als Zitatensammlung im ersten Babyalbum in den Jahren, die kommen, für Rührung, Heiterkeit oder Nachdenklichkeit.

Jedes frischgebackene Elternpaar hat bestimmt zahlreiche Ideen zum Inhalt der Erinnerungsschatzkiste.

Ritual: Willkommen Kind – eine Salbung mit Rosenöl

Für dieses Ritual benötigen Sie:

- 50 ml Mandelöl
- 1 Tropfen ätherisches Rosenöl

Die kräfteraubende Geburtsarbeit ist geschafft. Staunend und glücklich halten die Eltern das Neugeborene in den Armen, um es an der Schwelle ins Leben willkommen zu heißen. Man möchte sein Kind in Liebe und Segen einhüllen, um es geschützt und geborgen in das Leben, das vor ihm liegt, zu entsenden.

Wie keine andere Blume überbringt die Rose die Botschaft der Liebe. Sie soll aus der ersten Morgenröte geboren worden sein und war in allen europäischen Kulturen ein Attribut der Liebesgöttin. Ihr Duft berührt alle Sinne, vor allem jedoch geht er mit dem Herzchakra in Resonanz.

Das Neugeborene wird in die feine Schwingung des Rosenöls eingehüllt, um es mit Liebe, Güte und Sanftheit zu umgeben.

Durchführung des Rituals:

- Vermischen Sie das Mandelöl mit einem Tropfen des ätherischen Rosenöls.
- Benetzen Sie Ihren Daumen mit dem Rosenöl und berühren Sie damit sanft den Scheitel des Babys. Begleiten Sie die Berührung mit einem Segensspruch: „Ich segne dich, mein Kind. Du bist herzlich willkommen in deiner Familie, geschützt und geborgen

in unserer Liebe und Fürsorge für dich. Mögest du deinen Lebensweg leicht und sicher gehen."

- ✧ Berühren Sie als Nächstes sanft die Stirn des Babys und begleiten Sie diese Berührung abermals mit einem Segensspruch: „Ich segne dich, mein Kind. Möge dein inneres Sehen immer offen sein für die Führung aus der geistigen Welt."
- ✧ Berühren Sie als Nächstes sanft die Brust im Bereich des Herzens des Babys und begleiten Sie diese Berühung mit einem Segensspruch: „Ich segne dich, mein Kind. Mögen die Liebe und die Stimme deines Herzens dich unbeirrt auf deinem Weg leiten. Mögest du Liebe in reichem Maße empfangen und schenken."
- ✧ Berühren Sie als Nächstes den Bauch des Babys und begleiten Sie diese Berührung mit einem Segensspruch: „Ich segne dich, mein Kind. Möge die Freude am Dasein dich auf ihren Schwingen durch das Leben tragen. Mögest du reich gesegnet sein mit Schöpferkraft, die dich immer daran erinnert, dass du selbst ein göttlicher Funke im Kreis allen Seins bist."
- ✧ Berühren Sie als Nächstes die Fußsohlen des Babys sanft mit Rosenöl und begleiten Sie diese Berührung mit einem Segensspruch: „Ich segne dich, mein Kind. Mögest du sicher und voller Selbstvertrauen im Leben stehen. Als deine Eltern versprechen wir dir, dich in Liebe zu führen, mit Schutz zu ummanteln und dir starke Wurzeln zu geben, damit du dich in dein bestmögliches Sein entfalten kannst."

Die Salbung und Segnung ihres Kindes können Vater und Mutter gemeinsam durchführen oder abwechselnd. In einer weiteren Variante können auch die Geschwister des Babys und/oder Großeltern einbezogen werden und an den einzelnen Salbungspunkten ihre eigenen Segenswünsche sprechen. In diesem Fall liegt die Betonung auf der Aufnahme des Neugeborenen in das Familiensystem.

Zu guter Letzt sind die Segenswünsche im Ritual immer als Vorschläge zu betrachten, die Sie jederzeit durch Ihre eigenen Formulierungen ersetzen oder ergänzen können.

Ritual: Einen Geburtsbaum pflanzen

Bäume faszinieren Menschen seit Urzeiten. Als Symbole göttlicher Weisheit, Quelle der Kraft und Schöpfungsmythos begleiten und inspirieren sie uns beständig durch die Zeiten und durch den Kreis des Lebens. In einer frühen Stufe unserer Entwicklung lebten wir in ihren Kronen. Die archaische Verbindung damit spiegelt sich im Sinnbild von Schutz, das gleich Wurzeln in uns verankert ist. Die heilenden Substanzen der Giganten der Pflanzenwelt werden heute von vielen Menschen wiederentdeckt. Die Interaktion der Bäume mit dem Licht der Sonne schafft unsere Lebensgrundlage.

Wie viele Völker und Stämme betrachteten die Kelten und Germanen Bäume als besondere Wesen, die mit den Menschen in enger spiritueller Verbindung stehen. In dieser innigen Beziehung zum Wesen der einzelnen Baumpersönlichkeiten, in denen sie die gütige, nährende Kraft der Schöpfung verkörpert sahen, wurzelt auch der alte Brauch, einen Baum zur Geburt eines Kindes zu pflanzen. Als vegetativer Doppelgänger begleitet er den neuen Erdenbürger durchs Leben, um ihn, je nach Baum, mit Früchten, auf jeden Fall jedoch mit Kraft zu beschenken. Die Wurzeln des Geburtsbaumes erinnern den Heranwachsenden daran, dass wir in der Kraft der Natur wurzeln und mit dieser Energiequelle gesund emporwachsen. Die Zweige bilden ein schützendes Dach, unter dem man ausruhen darf, um sich, gestärkt von der Energie des Baumes, den Hürden im Leben zu stellen. Im

Raunen und Rauschen der Blätter wispern uns die Geistwesen anderer Seinsebenen Botschaften zu. Es ist kein Zufall, dass Bäume als Tore zu anderen Welten des Bewusstseins überliefert sind. Nicht zuletzt sind Geburtsbäume auch ein Symbol für den Familienstammbaum, an dem das Baby nun ein neuer Zweig ist. Manchmal werden Bäume vorübergehender Zufluchtsort einer Seele, so wie es im grimmschen Märchen vom Machandelboom erzählt wird. Die Auswahl des Geburtsbaumes wird nicht nur von den Kräften, die man ihm zuschreibt, bestimmt, sondern auch vom Platzangebot, das seiner Größe entsprechen muss. Im städtischen Bereich fehlt in vielen Fällen der eigene Garten. Hier kann man gegebenenfalls mit Zustimmung der jeweiligen Gemeinde auf öffentlichen Raum für die Pflanzung des Geburtsbaumes zurückgreifen. Traditionell wurde der Baum vom Vater gepflanzt, der oft die mit Nährstoffen angereicherte Plazenta an den Wurzeln des Baumes vergrub, um ihn auf diese Weise noch inniger mit dem jungen Menschenkind zu verbinden. In Gärtnereien erhält man fachkundige Anleitungen darüber, wie der junge Baum gepflanzt werden muss, um sein Gedeihen zu fördern.

In der Aufstellung „Das Wesen der Bäume und die Resonanz, die ihre Energie in uns fördert", finden Sie eine Auswahl an Bäumen mit ihren charakteristischen Eigenheiten. *(Seite 175)*

Ritual: Die Wiege mit Symbolen und Kräutern schützen

Der Wunsch nach Schutz für Mutter und Kind hat nichts an Aktualität verloren. Einst reinigte die Hebamme die Geburts- und Wochenbetträume mit schutzmagischen Räucherungen, die Beifuß, Rainfarn und Eisenkraut enthielten. Wermut galt als Wiegenkraut, das den Säugling gegen destruktive Einflüsse abschirmte. Heute sind solche Schutzräucherungen in klinischer Umgebung und infolge von Rauchmeldern vielfach nicht möglich. Eine Alternative wäre es, an das Kinderbett des Babys ein kleines Büschel mit Kräutern, die im Ruf stehen, eine schützende Atmosphäre zu erzeugen, zu hängen.

Als traditionelle Schutzkräuter gelten:
Beifuß, Dost, Eisenkraut, Leinkraut, Quendel, Sweetgrass (Mariengras) und Wacholder. Eine Rose, die man dazu steckt, erzeugt eine liebevolle Schwingung.

Je nach Kultur und Glaubensbekenntnis schmückte man die Umgebung des Neugeborenen mit Symbolen einer mütterlichen Göttin. Mit Brigids Kreuz soll der Schutz der alten keltischen Göttin die Wiege beschirmen. Christliche Mütter sorgten mit dem Bild eines Schutzengels für eine heilsame Atmosphäre rund um die Wiege. In germanischen Siedlungsgebieten galt die Rune Berkana als nährendes, schützendes Symbol. Junge Mütter heute haben vielleicht Lust, ein Mobile mit fröhlichen Bildern oder Symbolen, die sie mit dem Begriff Schutz verbinden, über das Kinderbett zu hängen. Zu guter Letzt ist die Liebe und Fürsorge der Eltern und die Geborgenheit, die sie ihrem Kind schenken, der beste Schutz von allen.

Die Geburt im Spiegel des Jahreskreises

Der zyklische Rhythmus aller Dinge, der sich im Verständnis für den Jahreslauf mit seinen vorchristlichen Festen zeigt, erschien unseren Vorfahren auch der natürliche Ablauf im Lebenskreis zu sein. Aus jedem Ende eines Zyklus wird der Anfang für den nächsten geboren. Nach dem winterlichen Tod der Vegetationskräfte wird das Licht als zeugende männliche Kraft der Sonne zur Wintersonnenwende neu geboren. Die alten, weisen Schicksalsgöttinnen, die in der nordischen Mythologie als die Nornen bekannt sind, hüten das noch verletzliche Lichtkind in den ersten Tagen seines wiedergeborenen Lebens. Magischer Pflanzenzauber durchdringt die Weihenächte mit Fruchtbarkeit und Schutz, so wie bei der Geburt Mutter und Kind von schützenden Pflanzenkräften begleitet werden. Im Schutz der Dunkelheit der langen Winternächte wächst das Lichtkind, umsorgt von der dunklen Mutter, die sich in der Triade der Schicksalsgöttinnen verbirgt, heran. Tag für Tag nimmt seine Kraft zu und bald wird es der mütterlichen Fürsorge entwachsen sein. In der Göttin, die durch den Jahreslauf wandert, zeigt sich die Erde selbst als weiblich empfangendes und manifestierendes Prinzip. Bis zum Frühling wird sie die Form der dunklen Mutter ablegen und als strahlende Frühlingsgöttin in Erscheinung treten.

„Als ich dich sah, wusste ich, dass ein Abenteuer bevorstand.“

Winnie Puuh

2 Die Namens-gebung

Namen haben Macht

Die Namensgebung ist ein weiteres Tor des Übergangs, bei dem das Kind einen richtungsweisenden Klang für die Rolle in diesem Leben zu erhalten scheint. Rituell und sichtbar wird das Kind in eine Gemeinschaft, sei es die Familie, den Stamm oder eine Glaubensvorstellung, aufgenommen. Dass Namen Macht haben und ein bestimmtes Bild von der Person, die ihn trägt, zeichnen, war Herrschern und Kriegern bis in die Dämmerung der Zeit zurück bewusst. Namen wie „Karl der Große“, „Iwan der Schreckliche“, „Karl der Kühne“ oder „Erik Blutaxt“ sprechen eine deutliche Sprache. Märchenkenner wissen spätestens seit Rumpelstilzchen, wie bedeutsam ein Name sein kann. Namensforscher gehen davon aus, dass ein Vorname die charakteristischen Eigenschaften seines Trägers mitbestimmt.

In germanischen und keltischen Stammestraditionen war die Namensgebung unmittelbar nach der Geburt sowohl ein Akt der Segnung als auch ein Ritus, der die Aufnahme in die Sippe und in die Gemeinschaft des Stammes gewährleistete. Alternativ zur Namensgebung durch den Vater (wie im Kapitel „Die Geburt“ geschildert) ist aus anderen vorchristlichen Siedlungsräumen auch die „Taufe“ durch die Mutter überliefert. Sobald das Neugeborene nach der Geburt gestillt wurde, rieb es die Mutter mit Muttermilch ein und sprach seinen Namen aus. Mit diesem einfachen Akt trat sie in ihre Pflichten und Rechte als Mutter ein und sicherte den Platz des Kindes in der Sippe. Dieses rituelle Bündnis zwischen Mutter und Kind zog auch offenkundig die Grenze zwischen dem Recht auf Leben und der Möglichkeit, das Neugeborene dem Tod zu überlassen. Im französischen Ausdruck „nom de lait“ hat der „Milchname“ die Zeiten überdauert. Die christliche Taufe lässt sich auf die verborgene Wurzel der Milch- oder Wassersegnung vorchristlicher Völker zurückführen.

Namensgebung in den Weltreligionen

Die großen Weltreligionen verbinden das Ritual der Namensgebung meist mit einem Brückenschlag zur Aufnahme in die Wertegemeinschaft der jeweiligen Religion. In christlichen Kulturräumen erhält das Neugeborene seinen Namen in den ersten Tagen nach der Geburt, um die Eintragung in amtliche Register zu ermöglichen. Mit der Taufe wird das Kind jedoch in die Gemeinschaft der Gläubigen samt den damit verbundenen Werten aufgenommen. Stellvertretend für den Täufling bekennt der Pate seinen Glauben. Den ideellen Spuren des heiligen Augustinus folgend, wird das Kind mit der Taufe auch von der Erbsünde befreit.

Mit dem islamischen Ritual der Namensgebung tritt das Baby ebenfalls in Verbindung mit jenem Glauben, der seine Schritte im Leben lenken soll. Der Vater oder eine andere Person, die dem Baby den Namen gibt, nimmt das Kind auf den Arm. Er spricht dem Baby zuerst den islamischen Gebetsruf in das rechte Ohr. Danach erfolgt der Aufruf zum Gebet in das linke Ohr. Abschließend wird der Name des Kindes genannt und Gott um Schutz für das junge Leben gebeten.

Im Judentum erhalten Mädchen und Knaben ihre Namen in unterschiedlichen Zeremonien. Männliche Säuglinge erhalten ihren Namen Hand in Hand mit der Beschneidung am achten Tag nach der Geburt. Die rituelle Entfernung der Vorhaut besiegelt den Bund zwischen Gott und dem jüdischen Volk auf sichtbare Weise. Die Wurzeln dieser religiösen Zeremonie gehen auf Abraham zurück, den alttestamentarischen Stammvater christlicher, jüdischer und islamischer Glaubensvorstellungen. Abraham soll sich im Alter von 99 Jahren als Symbol des Bundes zwischen Gott und seinem auserwählten Volk mit einer Axt selbst beschnitten haben. Mädchen erhalten ihren Namen meist am Schabbat (Freitagabend bis Samstagabend) nach ihrer Geburt. Häufig laden die Eltern im Rahmen der Zeremonie zu einem Essen ein, um diesen festlichen Anlass aus dem Alltag herauszuheben.

In hinduistisch geprägten Kulturräumen erhalten Kinder unmittelbar nach der Geburt einen geheimen Namen, den niemand außer den Eltern kennt. Der Name für den alltäglichen Gebrauch, der dem Kind rituell zehn Tage nach der Geburt gegeben wird, soll den wahren Namen des Kindes schützen. Dieses Ritual verknüpft die Namensgebung mit der Erstellung eines Horoskops für das Kind durch den Priester. Schicksalhaft soll die Erkundung der kosmischen Konstellation das Erkennen des künftigen Seelen- und Ehepartners begünstigen. Das Horoskop dient auch der Festsetzung des idealen Hochzeitstages.

Buddhistische Traditionen verbinden die Namensgebung nicht mit der Aufnahme in die Wertevorstellungen des Glaubens. Die Segenszeremonie der Namensgebung kann mit dem Abschneiden der ersten Locke wenige Wochen nach der Geburt erfolgen. Verwandte und Nachbarn, die an dieser Feier teilnehmen, binden dem Baby als Geschenk Geldscheine um das Handgelenk.
Viele Eltern wünschen sich heute eine private Segnungszeremonie jenseits einer religiösen Ausrichtung im Rahmen der Namensgebung. Das Baby wird bei diesem Anlass feierlich in die Familie aufgenommen und die Gäste erhalten Gelegenheit, es kennenzulernen.

Segensrituale für die Namensgebung

Ritual:
Gaben und Segen in den 12 astrologischen Häusern

Für dieses Ritual benötigen Sie:

- das Geburtshoroskop des Kindes
- ein Räucherstövchen mit Sieb, ein Teelicht und eine Feder
- Weihrauch, Myrrhe und Rosenblüten
- die im Vorfeld ausgewählten Symbole für die 12 Häuser des Tierkreises
- einen CD-Player oder Ähnliches und ein Lied, mit dem das Ritual beendet wird

Das Geburtshoroskop eines Menschen hält die Konstellation der Gestirne zum Zeitpunkt der Geburt in einer grafischen Darstellung fest. Für den astrologisch Geschulten eröffnet sich daraus eine Vielzahl an Informationen zum Wesen, den Talenten und Lernaufgaben der jeweiligen Person. Das Horoskop zeigt zwar die Ausgangsposition zu Beginn unseres Lebens und wie wir veranlagt sind, dem freien Willen des Einzelnen obliegt es jedoch, was aus diesen Veranlagungen entsteht.

Die 12 Häuser, die zu den grundlegenden Bestandteilen des Horoskops zählen, repräsentieren prägnante Themen, Aufgaben und Ziele im Leben des Menschen.

Da die Häuser mit den Tierkreiszeichen im Jahreszyklus Hand in Hand gehen, entspricht das erste Haus dem Zeichen Widder, das zweite Haus liegt im Zeichen Stier und so weiter. Das zwölfte Haus ist das letzte

Haus im astrologischen Jahreslauf und entspricht daher dem Abschnitt des Zeichens Fische.
Diese allgemeine astrologische Einteilung dient als Mantel für ein persönliches Horoskop. Hier beginnt das erste Haus immer mit dem jeweiligen Aszendenten, welcher sich aus der genauen Geburtszeit und dem Geburtsort ergibt.

Die im Folgenden angeführte Beschreibung der zwölf Häuser mit ihren Qualitäten, Lern- und Erfahrungsbereichen enthält auch Vorschläge für die Symbole und Segenswünsche, die dem jeweiligen Haus entsprechen. Beide können natürlich davon abweichend individuell gewählt werden.

Widder

Das erste astrologische Haus korrespondiert mit dem Tierkreiszeichen Widder. Mars, der Herrscher im Widder, verleiht dem Haus Qualitäten wie Tatkraft, Durchsetzungsvermögen, Mut und Vitalität. Da das erste Haus im persönlichen Geburtshoroskop dort beginnt, wo der Aszendent steht, entspricht es auch dem Image oder der Maske der Persönlichkeit.

❍ Symbol: ein Holzstab, in den Zeichen für den Planeten Mars oder Widderhörner eingeritzt sind. Da der Stab auch ein Symbol für Herrschaft ist, mag er hier auch dafür gelten: „Nimm dein Leben in die Hand, damit es nicht andere für dich tun."

❑ Segen: „Ich segne dich mit Vitalität. Mögest du alle Aufgaben in deinem Leben mit Mut, Elan und Durchsetzungskraft anpacken. Möge Vertrauen in dich selbst deinen Weg begleiten."

Stier

Das zweite Haus liegt im Tierkreiszeichen Stier, das der holden Venus untersteht. Talente und Fähigkeiten erlauben uns, etwas zu bauen und zu erschaffen. Hier sprudelt die Kreativität, damit letztendlich Werte aufgebaut werden können und Besitz geschaffen werden kann.

❍ Symbol: eine Münze, die für alles steht, was im Leben des Kindes von Wert sein wird.

❑ Segen: „Ich segne dich mit Einsicht und einem klaren Blick für deine Talente und Fähigkeiten. Möge die Quelle der Kreativität in dir stets sprudeln und dich Dinge erschaffen lassen, die für dich von Bedeutung sind.“

Zwilling

Das dritte Haus entspricht dem Bereich, den das Tierkreiszeichen Zwilling einnimmt. Merkur regiert das Haus des Lernens. Der Einfluss dieses Horoskophauses begünstigt das Sammeln von Wissen, Kommunikation und Flexibilität.

❍ Symbol: ein Buch, als Zeichen für die Bereitschaft, zu lernen.

❑ Segen: „Ich segne dich mit Offenheit und Freude am Lernen in allen Bereichen deines Lebens. Mögest du mit Wissen gesegnet sein, das dein Leben bereichert.“

Krebs

Das vierte Haus liegt im Tierkreiszeichen Krebs, das vom Mond beschirmt wird. Es beherbergt unsere Wurzeln familiärer und kultureller Art. Die Verbundenheit zu Traditionen und der Wunsch nach Geborgenheit finden sich hier ebenso wie unser Gefühlsleben, Ahnungen oder Träume.

❍ Symbol: ein Familienerbstück (z. B. die Uhr des Großvaters, ein Schmuck der Großmutter) als Zeichen für die familiären Wurzeln des Kindes.

❑ Segen: „Ich segne dich mit dem Bewusstsein für das Fundament, das deine Vorfahren für dich gebaut haben. Mögest du mit Herz und Verstand an diesem Fundament weiterbauen und es kreativ auf deine Weise in die Zukunft führen. Mögest du dir immer bewusst sein, wie kostbar du für deine Familie bist."

Löwe

Das fünfte Haus befindet sich im Tierkreiszeichen Löwe. Die Sonne durchstrahlt dieses Haus mit Lebenslust, Abenteuer und Großzügigkeit. Hier darf das innere Kind aufblühen und das Selbstbewusstsein erstarken.

❍ Symbol: eine Sonne, als Zeichen für alles, was Licht und Freude ins Leben bringt.

❑ Segen: „Ich segne dich mit Licht und Lebenslust. Möge die Freude an dem, was du tust und erschaffst, dich leiten."

Jungfrau

Das sechste Haus korrespondiert mit dem Tierkreiszeichen Jungfrau. Es ist Merkur unterstellt. Im Haus der Arbeit liegen auch Themen wie Gesundheit, Alltagsbewältigung und Ordnung.

❍ Symbol: ein Werkzeug oder ein kleiner Werkzeugkasten, in dem Ordnung gehalten werden muss, damit alle Werkzeuge Platz haben. Zusätzlich oder alternativ kann als Symbol auch ein medizinischer Gegenstand dazugelegt werden.

❑ Segen: „Ich segne dich mit Teamgeist und Führungsqualitäten, damit du den Wert guter Zusammenarbeit schätzt, jedoch auch dazu in der Lage bist, unabhängig und voller Selbstvertrauen neue Ideen zu verwirklichen.“

Das siebente Haus liegt im Tierkreiszeichen Waage, das unter der Schirmherrschaft der Planetengöttin Venus steht. Es ist das Haus der Du-Erfahrungen und umfasst Themen wie Partnerschaft, Geben und Nehmen oder Bindungen allgemein.

❍ Symbol: Yin und Yang, als Zeichen für zwei Menschen oder Standpunkte, die verbunden werden.

❑ Segen: „Ich segne dich mit Kompromissbereitschaft und der Kraft der Versöhnung. Mögest du deinen Seelenpartner finden und möge eure Verbindung gesegnet sein.“

Das achte Haus entspricht dem Bereich des Tierkreiszeichens Skorpion, in dem Pluto mit seiner Energie wirkt. Hier setzt man sich mit Themen wie Erbschaft oder allgemein dem Besitz anderer, Transformationsprozessen, Sexualität, Macht und Ohnmacht sowie Tabus auseinander.

❍ Symbol: ein Amulett mit einem Schmetterling als Zeichen der Transformation.

❑ Segen: „Ich segne dich mit psychischer Kraft und Ausdauer, damit du durch alle Transformationen, die kommen, leicht und mit wertvollen Erfahrungen gesegnet hindurch wanderst.“

Das neunte Haus – dieses Horoskophaus ist im Schützen beheimatet. Jupiter ist der Regent dieses Tierkreiszeichens. Im neunten Haus trifft man auf Erfahrungen und Lernbereiche im Zusammenhang mit Sinnfindung, Überzeugungen, Wertvorstellungen, religiösen Systemen, globaler Vernetzung und Reisen.

❍ Symbol: ein Globus, als Zeichen für äußere und innere Reisen, die zu neuen Erkenntnissen führen.

❑ Segen: „Ich segne dich mit Neugier und dem Bestreben, deinen Horizont ständig zu erweitern. Mögen deine äußeren und inneren Reisen dich auf spannende Wege führen."

Das zehnte Haus. Dieses Haus ist im Steinbock angesiedelt. Saturn, der hier herrscht, fordert Geduld und eine klare innere Ausrichtung ein, damit wir dem roten Faden im Leben, unserer Berufung, konsequent folgen können. Dieses Haus konfrontiert uns mit den Themen Lebensziel, Berufung und Verantwortung. Da es als Haus der Öffentlichkeit gilt, berührt es das Wirken in der Öffentlichkeit, die Karriere und die Anerkennung, die man erhält oder ersehnt.

❍ Symbol: ein Stern, als Zeichen dafür, dass man nach den Sternen greifen muss, um Träume und Ideen sichtbar zu machen.

❑ Segen: „Ich segne dich mit tiefer Leidenschaft für das, was du zur Reife bringen möchtest."

Das elfte Haus liegt im Bereich des Wassermanns. Uranus, der hier herrscht, steht für die Ideen der Freiheit und Brüderlichkeit. Der Geist der Gemeinschaft wirkt in diesem Haus. Hier warten Gruppenerfahrungen, die Verbindung zu Freunden und Kooperationen.

❍ Symbol: ein Freundschaftsband, als Zeichen dafür, wie kostbar wahre Freunde sind.

❑ Segen: „Ich segne dich mit der Fähigkeit zur Freundschaft. Mögest du mit der Erfahrung beschenkt werden, dass es über deine Blutsfamilie hinaus auch eine Familie des Herzens gibt, in der du geborgen bist."

Fische

Das zwölfte Haus. Das Fischehaus steht für Erfahrungen des Unfassbaren, transzendentes Wissen, Spiritualität und Mystik.

❍ Symbol: eine Kerze, als Zeichen für die lichtvolle innere Führung, die jedes spirituelle Wachstum begleitet.

❑ Segen: „Möge dein inneres Licht den Weg vor dir stets erhellen, damit du deiner wahren Berufung und deiner Lebensaufgabe entgegenwachsen kannst."

Durchführung des Rituals:

Die Gäste des Namensgebungsfestes sitzen in einem Kreis. Der Pate oder die Patin hält das Kind im Arm. Auf der linken Seite des Paten sitzt die Mutter, auf der rechten Seite des Paten nimmt der Vater Platz. In der Mitte des Kreises wird ein Räucherstövchen mit Teelicht platziert.

Auf dem Stövchen verglimmen:

- Myrrhe: sie symbolisiert die Mutter
- Weihrauch: er symbolisiert den Vater
- Rosenblüten: sie symbolisieren das Band der Liebe, aus dem das Kind hervorgegangen ist

Mit dem Duft der verglimmenden Pflanzenstoffe werden die Segenswünsche für das Baby in den Kosmos geschickt. Des Weiteren liegt das Geburtshoroskop des Kindes in der Mitte, wobei das erste Haus der grafischen Darstellung in Richtung des Babys zeigt.
Eingangs verkünden die Eltern den Namen des Kindes und erläutern, weshalb sie dem Neugeborenen diesen Namen geben. In der Aufstellung „Namen: ihre Bedeutung und Herkunft“ *(Seite 178)* finden Sie eine Tabelle mit vielen gängigen Namen samt deren Bedeutung und Herkunft. Wird das Baby nach einem Vorfahren benannt, so kann auf diese Verbindung eingegangen werden. Dass Namen als wegweisend oder sogar magisch erachtet werden, zählt zu den Wurzeln unserer Kultur.
Anschließend beginnt die Mutter mit dem Horoskophaus, das sie gewählt hat. Sie legt ein Symbol, wie vorgeschlagen oder selbst gewählt, in das Haus und erläutert, weshalb sie sich für dieses Haus entschieden hat und wofür das Symbol steht. Sie segnet ihr Kind. Als nächstes fährt der Vater fort und nach ihm der Pate, die Patin oder im Falle mehrerer, die Paten. Jedes Horoskophaus kann je nach Anzahl der Gäste oder der Präferenz für die Themen eines Hauses auch mehrmals ausgewählt werden. Nach dem Paten fährt der Gast zur Linken der Mutter fort. Die Reihenfolge wird in diese Richtung fortgesetzt, bis der Gast neben dem Vater den Kreis der Teilnehmer mit seinem Segen geschlossen hat.
Als Abschluss des Rituals wird das Kind herzlich in der Familie willkommen geheißen, das gewählte Lied gespielt sowie eventuell gemeinsam gesungen.

Ritual: Die 13 Feen – ihre Gaben und ihr Segen

In der nordischen Mythologie stehen die Nornen den Müttern bei der Geburt bei. Im Augenblick der Geburt legen die Schicksalsgöttinnen Urd und Werdandi dem Kind Gaben in die Wiege. Wie so oft finden der Glaube und die Weltanschauung unserer Ahnen in den Märchen ihren Niederschlag. Folgt man diesem Pfad der Überlieferung, so verkörpern die beiden Nornen Urd und Werdandi die guten Feen in Dornröschen, die das Kind mit Gaben beschenken. Skuld, die jüngste der drei Nornen, verkörpert das Prinzip der dreizehnten Fee, die mit den Lasten, die sie dem neugeborenen Menschenkind auferlegt, für Ausgleich sorgt. Sie symbolisiert damit auch die Lernaufgabe oder die unerlösten Anteile, die wir als Rucksack bei der Geburt mitbringen. Alternativ zu den Horoskophäusern kann das Segensritual daher auch im Sinne der Gaben der Schicksalsgöttinnen mit 13 ausgewählten Personen durchgeführt werden. Im Zentrum des Personenkreises steht ein Gabentisch mit dem Räucherstövchen in der Mitte. Nach der vorangehenden Namensverkündung und Erklärung eröffnet die Mutter das Ritual, indem sie ihr Kind segnet und ihm ein Geschenk als Erinnerung an diesen wichtigen Tag auf den Gabentisch legt. Danach segnet der Vater sein Kind und legt sein Geschenk auf den Tisch. Anschließend segnen zehn weitere Personen in willkürlicher Reihenfolge das Baby und legen ihre Gaben auf den Tisch. Die 13. Person, die das Kind segnet, ist die Patin oder beide Paten zusammen. Sie erinnern das Kind daran, seine Lebensaufgabe zu erkennen und zu verfolgen. Als Pate/Paten versprechen Sie Ihrem Patenkind, es gemeinsam mit den Eltern nach besten Kräften auf seinem Lebensweg zu unterstützen. Als Abschluss des Rituals wird das neue Familienmitglied herzlich in die Familie aufgenommen und das gewählte Lied gespielt, wobei alle dazu eingeladen werden, mitzusingen.

„Man kann dir den Weg weisen, aber gehen musst du ihn selbst.“

Bruce Lee

3 Vom Kind zum Erwachsenen

Eintritt in die Schule

Die Glückseligkeit der Kindheit, in der es keine Verantwortung zu tragen und keine Pflichten zu erfüllen gibt, weicht Schritt für Schritt hinter „dem Ernst des Lebens“ zurück. Bereits im Vorschulalter beginnt mit Kinderkrippe und Betreuung im Kindergarten eine graduelle Trennung von Mutter und Vater. Der Eintritt in die Schule signalisiert die unwiderrufliche Übernahme von Pflichten in den kindlichen Alltag. Dieser erste große Schritt in ein Erziehungssystem abseits der elterlichen Führung ist geprägt von Neugierde und Freude über die Herausforderungen eines neuen Lebensabschnittes. Plötzlich sind die Tage strukturiert und die Unterweisung durch die Eltern erhält durch den neu hinzugekommenen Lehrer eine weitere Dimension. Der Brauch, den Kindern den Schulbeginn mit Schultüten zu versüßen, lässt sich bis ins 19. Jahrhundert zurückverfolgen. Nach dem Ende des 2. Weltkrieges, als sich langsam wieder Wohlstand auszubreiten begann, wurde das Verschenken von Tüten voller Süßigkeiten zum Schuleintritt immer beliebter. Als Alternative zu vergänglichen Süßigkeiten eignet sich auch ein Kristall als Erinnerung an diesen besonderen Tag.

- Ein Bergkristall schenkt klare, zielgerichtete Energie.
- Ein Amethyst unterstützt Lernprozesse.
- Ein Rhodochrosit steht für liebevolle Energie.
- Ein Bernstein zaubert Sonnenfunken ins Leben.

Archaische Pubertätsriten

Die Zeitspanne der Pubertät stellt die Schwelle zwischen zwei Welten dar, von denen eine, die Kindheit, bereits erforscht und durchschritten wurde, während die andere, die des Erwachsenen, noch vom magischen Zauber des Neuen, Geheimnisvollen umhüllt ist.
Weltweit zählen die Riten an diesem Tor des Übergangs zu den prägendsten Ereignissen im Kreis des Lebens.
Die erste Periode eines Mädchens bringt das Geschenk der Einweihung in die Mysterien des Weiblichen. Mit der Geburt des ersten Kindes erhält diese Initiation eine weitere Dimension. In vielen Kulturen vor unserer Zeit wurden die Mädchen bei Eintritt der Menarche abgeschieden vom Stamm in einer Menstruationshütte untergebracht und dort von einer älteren Frau oder weiblichen Verwandten betreut. Die intensive Bewusstwerdung des eigenen Körpers ist mit der Unterweisung in die Schöpfungsmysterien von Sexualität und Fruchtbarkeit verbunden. Den jungen Mädchen wurde in der Zurückgezogenheit der Mondhütte Zeit gegeben, um die Phase der Kindheit zurückzulassen und die innere Göttin der erwachsenen, gebärfähigen Frau anzunehmen. In unserem Märchenschatz finden sich immer wieder Hinweise über die Weltsicht und die Wertevorstellungen der vorchristlichen Völker unseres Kulturraumes. So auch im Märchen Rapunzel, in dessen abgeschiedenem Turm der Pubertätshütte nachgespürt werden kann. Die alte Zauberin, die als mütterliche Erzieherin Rapunzels auftritt, entspricht der „Weisen Alten“ des Stammes, in deren Obhut die Mädchen an der Schwelle zum Frausein verweilten.

Über alle Zeiten hinweg wurde Menstruationsblut als magischer, heiliger Stoff des Lebens betrachtet, der auch in vielen Schöpfungsmythen eine Rolle spielt. In den mythischen Überlieferungen Mesopota-

miens erschuf und formte die große Göttin die Menschen aus Lehm, den sie mit ihrem Menstruationsblut vermengte. Aus der Kultur der indigenen Stämme Südamerikas stammt die Überzeugung, dass alles Leben dem „Mondblut“ entsprungen sei.
Menstruationsblut birgt nicht nur das Leben zukünftiger Generationen, sondern wurde von den Pharaonen auch als Quelle der Göttlichkeit erachtet. Ihrem Weltbild gemäß verlieh ihnen ein Schluck des heiligen Blutes der Göttin Isis göttlichen Status. Der Ehrfurcht vor der Magie und Heiligkeit des Mondblutes standen die Tabuisierung und die Angst vor dessen zerstörerischer Macht gegenüber. Der römische Geschichtsschreiber Plinius war der Meinung, Menstruationsblut könne die Ernte vernichten. In den Veden wird berichtet, dass der Gott Vishnu die Göttin Erde während ihrer Menstruation befruchtete. Dem Beischlaf entwuchsen Ungeheuer, die beinahe die Erde vernichteten. Den Brahmanen war es unter Androhung schwerer Strafen untersagt, bei einer menstruierenden Frau zu liegen. Die Abwertung des kostbaren Blutes, das mit den Geheimnissen neuen Lebens einhergeht, hat bis heute überdauert. Für viele Frauen stellt die monatliche Blutung eine lästige, mühsame und oft auch schmerzhafte Unterbrechung des Monatslaufes dar.

Ein Schwellenritual zur Feier der ersten Menstruation ist ein wunderbarer Zeitpunkt, um unsere Töchter in den magischen Zauber des weiblichen Körpers einzuweihen. Das Geschenk, das Mütter an ihre Töchter weitergeben, ist die tiefe Verbundenheit mit dem eigenen Körper, die mit einer natürlichen Wertschätzung seiner weiblichen Kraft einhergeht. Zweifellos liegt darin auch ein Grundstein gegen die allzu frühe Übersexualisierung junger Mädchen oder die Ablehnung der erwachenden Weiblichkeit, die sich in den Auswüchsen der Bulimie zu manifestieren scheint.

Germanische Stämme vorchristlicher Zeit unterzogen die Knaben in dieser Übergangszeit vom Kind zum Erwachsenen einer Reihe von rituellen Prüfungen, um den Zustand der Kindheit zu verabschieden und als Erwachsener, der bereit und fähig ist, die Verantwortung im Stamm mitzutragen, wiedergeboren zu werden. Unter der Obhut erfahrener älterer Männer erfolgte einerseits eine mündliche Unterweisung in die Mythologie des Stammes, seine Wertevorstellungen und heiligen Traditionen. Andererseits wurden die Initianten extremen körperlichen Situationen ausgesetzt, um sie vom Alltagsbewusstsein zu lösen und sie mit dem inneren Wesenskern und dem Transzendentalen zu verbinden. Fasten, Dunkelheit, Schmerzen, Rauschsubstanzen, Askese und Trancetechniken initiierten die Begegnung mit der inneren Wildnis.

Die Einweihung in den Weg des Kriegers fand unter Anleitung älterer Berserker, den außergewöhnlichsten sagenumwobenen germanischen Kriegern, statt. Ihr Name *Berserkir* kann mit *Bärenfellträger* übersetzt werden. Ihre Art zu kämpfen, wie ein „Berserker zu wüten", mit scheinbar übermenschlicher Kraft und in einem Zustand heiliger Wut die Feinde zu erschlagen, trug ihnen den Ruf einer Kriegerelite ein. Der nordische Kriegergott Odin ist der Führer der Berserker und der jungen Krieger, die auf seinem Weg initiiert wurden, um sich dem Kampf zu weihen. „Odins Runenlied", das Teil der Edda ist, zeigt den Einweihungsweg des germanischen Göttervaters. Die altnordische Edda, eine Sammlung von Prosatexten, Liedern und Gedichten, überliefert die Mythen sowie die religiöse Weltsicht der vorchristlichen Völker des Nordens. Neun Tage lang hing Odin kopfüber in den Zweigen der Weltenesche Yggdrasil, um sich, geplagt von Hunger, Durst, Kälte und Schmerzen, einer Initiation zu unterwerfen, die ihm Zugang zu den Geheimnissen der Runen gewährte. Am Ende opferte er an Mimirs Brunnen der Weisheit ein Auge, das Mimir, der Hüter

des Brunnens, als Pfand für das Wissen um die Kräfte der Runen am Grunde der heiligen Quelle barg. In den Übergangsriten vom Kind zum Krieger Odins wurden die jungen Männer oft mit einem Speer, der Waffe Odins, gezeichnet. Auch Scheinhängen, das Hängen bis zur Bewusstlosigkeit, zählte in Anlehnung an den Einweihungsweg des nordischen Gottes zu den Praktiken dieser rituellen Abläufe, um Nahtod- und ekstatische Erfahrungen auszulösen.
Nach dem Abtauchen in die „Anderswelt" der eigenen verborgenen Psyche folgte die Bewährungsperiode in der äußeren, vom Stamm und der schützenden Familie getrennten, Welt. Die Fähigkeit, Waffen zu tragen und im Alleingang zu überleben, wurde in einer monatelang währenden Phase beim „Wolfsgang" oder „Berserkergang" geprüft. In das Fell eines Bären oder Wolfes gehüllt, den sie selbst erlegt hatten, wurden die jungen Männer eins mit der Wildnis, in der sie lebten, eins mit dem Geist des Tieres, dessen Fell sie trugen. Abseits von allem, das die Kindheit begleitet hatte, war diese Periode die ultimative Herausforderung, die Mut- und Zerreißprobe, die sie als Brücke über die Zeiten mit allen Männern des Stammes, die diese Einweihung in das Leben des erwachsenen Mannes durchlaufen hatten, verband. Nach der erfolgreichen Absolvierung wurden die jungen Männer als Erwachsene in die Gemeinschaft aufgenommen. Ausgestattet mit allen Pflichten und Rechten waren sie nun bereit, Verantwortung für die Gemeinschaft zu tragen.

Die keltischen Stämme des vorchristlichen Europa sind nicht weniger kriegerisch und wehrhaft bezeugt als die Germanen. Auch sie unterzogen die jungen Krieger Prüfungen, in denen sie ihre Ängste besiegten, während sie die innere und äußere Wildnis durchwanderten, um die Kindheit zurückzulassen, und in ihre neue Wesensform des Erwachsenen geboren wurden. Im Märchen „Der Eisenhans" zeigt sich der archaische Mentor an der Schwelle des Übergangs im Eisenhans, jenem wilden Mann, der den Jüngling mit den goldenen Haaren durch viele Prüfungen zum „Männlichen“ hinführt.

Nicht nur unsere Vorfahren schickten die jungen Männer an der Schwelle des Übergangs in die ungezähmte Natur, in die äußere Wildnis, um die innere Wildnis zu erfahren und beherrschen zu lernen. Pubertätsriten sind aus allen Teilen der Welt überliefert. In der Kultur der indigenen Völker Nordamerikas verblieben die jungen Männer des Stammes ohne Nahrung und Wasser in der Wildnis, um den Gang über die Schwelle in die Bewusstseinsform des Erwachsenen anzutreten. In der Einsamkeit ausharrend, begegneten sie den Hütern dieser Schwelle, helfenden Krafttieren oder spirituellen Lehrern, die ihnen Hinweise für ihren Lebensweg und den damit verbundenen Aufgaben enthüllten. In der Stille des Geistes wird das Raunen der Geistwesen vernehmbar und aus der Tiefe des Unbewussten formen sich die Visionen der Zukunft. Die jungen Stammesmitglieder der australischen Ureinwohner wurden mit diesen Grenzerfahrungen auf dem „Walkabout“ konfrontiert.

Schwellenrituale – Ein Streifzug durch die Jahrhunderte

Der Bruch mit der Welt der Kindheit spiegelt sich Jahrhunderte später im Erziehungsprogramm zum Ritter und dem daraus resultierenden Ritterschlag. Die notwendige Trennung von der Mutter, die für alle Übergangsriten der Pubertät unerlässlich ist, wurde für die jungen Anwärter zum Ritter sehr früh vollzogen. Bereits im Alter von sechs oder sieben Jahren wurden die Knaben der Obhut eines respektierten Ritters übergeben. In vielen Fällen war es der Bruder der Mutter, der die Erziehung des künftigen Ritters übernahm. Der weit zurückliegende Ursprung dafür scheint in den Zeiten des Matriarchats zu liegen, als der Bruder der Mutter anstelle des Vaters die männliche Autorität darstellte. Bis zur Pubertät übernahmen die Knaben die Pflichten eines Pagen auf der Burg ihres Erziehers. Ab diesem Zeitpunkt dienten sie ihrem Mentor als Knappe, der sowohl in der Kampfkunst als auch in ritterlichen Tugenden unterwiesen wurde. Die jahrelange Ausbildung gipfelte bei entsprechender Eignung im Ritterschlag und der damit verbundenen Aufnahme in den Ritterstand.

Im Bereich der Waffenfähigkeit und Kampfkunst finden sich beim Ausbildungsdrill des Militärs Herausforderungen, die an längst vergangene rituelle Gepflogenheiten erinnern. Lehrabschlussprüfungen, Matura oder ein Hochschulabschluss erfordern abseits des fachlichen Wissens insbesondere auch, dass der Absolvent dem psychischen Druck der Prüfungssituation standhalten kann. Dennoch sind diese zeitgenössischen Initiationen nicht mit dem Ausmaß und der Härte der archaischen Pubertätsriten und ihren Anleitungen über den Umgang mit den Gefahren der Welt jenseits der Schwelle vergleichbar.
Zu viele verschiedene Wertevorstellungen und Idealbilder unserer multikulturellen Gesellschaft machen einheitliche Pubertätsriten, wie sie in vorchristlichen Stammesgesellschaften oder bei Naturvölkern praktiziert wurden, unmöglich.
Der Mangel an Ritualen, um den Übergang vom Kind zum Erwachsenen bewusst zu machen, ist in unserer Gesellschaft deutlich spürbar. Pubertierende Jugendliche suchen Grenzerfahrungen über Alkoholexzesse, Mutproben ohne tiefere Bedeutung oder Extremsport, dessen Gefahren einzig und allein dem Adrenalinkick dienen. Bewusstseinserweiternde Rauschsubstanzen führen die jungen Menschen nicht nur in die Illegalität und Abhängigkeit. Ohne die Begleitung erfahrener Älterer verläuft die Begegnung mit der unsichtbaren Welt als sinnentleertes High, jenseits der Auseinandersetzung mit der eigenen Schattenwelt.

Innerhalb der Familie oder des Freundeskreises sind diese Rituale für eine ganz besondere Zeit im Lebenskreis jedoch kostbar, um den Schritt vom Kind zum Erwachsenen bewusst zu begleiten, aus dem Alltag herauszuheben und das Band zwischen den Generationen wieder als helfende Brücke in beide Richtungen begreifbar zu machen. Viele Mütter feiern die erste Menstruation ihrer Tochter entweder als Mutter-Tochter-Ritual oder im Kreis ausgelassener Freundinnen. Seit jeher ist es Tradition, die Einweihung in die Mysterien des Weiblichen geheim und abseits von Männern zu feiern. Unter dem Siegel der Verschwiegenheit und der Geheimhaltung blüht ein magischer Kreis weiblichen Wissens, um von einer Generation zur nächsten zu fließen. Für junge Männer, die ein Übergangsritual mit dem Vater oder im Kreis älterer Männer durchlaufen, kann diese bewusste rituelle Überschreitung von der kindlichen Welt zum Mannsein noch an Tiefe gewinnen, wenn die Kindheit vorwiegend von Frauen geprägt wurde. Viele alleinerziehende Mütter sehen sich vor die Herausforderung gestellt, ihren Söhnen ein „Männerbild“ mitzugeben. Da auch das Schulsystem von weiblichen Lehrpersonen dominiert wird, erfahren die jungen Männer männliche Rollenbilder vielfach über Gleichaltrige, ohne die Erfahrung und Hilfe älterer Männer. Im Männerkreis des Rituals wird der Jugendliche aus der Sicht erfahrener, älterer Männer auf den Weg des Mannseins geführt.

Durch alle Zeiten hindurch wurden die Initianten sorgfältig spirituell auf die bevorstehende Prüfung vorbereitet. Für den jungen Menschen bedeutet dies, sich bewusst zu werden, nach welchen Wertvorstellungen er sein Leben ausrichten möchte.

- Welchen Werte-Weg schlage ich ein?
- Wofür setze ich mich ein?
- Wofür bin ich jederzeit bereit, über die eigenen Grenzen hinauszuwachsen?

Die Bereitschaft, für Ideale und Werte einzutreten, zeichnet eine reife

Sichtweise ebenso aus, wie die Fähigkeit zur Selbstbeherrschung und verantwortungsbewusstes Handeln, das mögliche Konsequenzen in Betracht zieht. Höflichkeit, Freundlichkeit und Kompromissbereitschaft sind ebenso Grundfesten des Umgangs miteinander wie der Schutz Hilfloser.

Der Begriff Ritterlichkeit mutet antiquiert an, und dennoch umfasst er vieles, was wir in einem reifen, über das eigene Ego hinausragenden Menschen sehen möchten. Ausdauer, Durchsetzungsfähigkeit, Willensstärke und eine klare innere Ausrichtung erfordern das richtige Augenmerk für das rechte Maß, damit sie nicht in brutale Ellbogenqualität ausufern.

Viele Väter legen Wert auf die Weitergabe von technischem Know-how an ihre Söhne. Sie sollen etwas bauen, reparieren oder „erschaffen" können. Feministinnen werden dem entgegensetzen, dass diese Fähigkeiten für Mädchen gleichermaßen wichtig sind.

Die angeführten Eigenschaften und Werte sind Anhaltspunkte für eine umfassendere Betrachtung, aus der ein individueller Wertekatalog erwächst.

Die mystischen Mondgöttinnen

Zwei Göttinnen und ihre archetypischen Züge stehen in inniger Verbindung mit den Aspekten des Weiblichen.

Der Mond gebietet über die Gezeiten und über den weiblichen Zyklus. Rund um den Erdball verehrten Völker Mondgöttinnen, die als Abendlicht über den Himmel herrschen. In den meisten Sprachen hütet die Mondin die Welt der Träume und die unwägbaren Tiefen des Unbewussten. Die Göttin schenkt die Gaben der Intuition, der Weissagung und der Kreativität. Vor allem jedoch schenkt sie Fruchtbarkeit und

Regeneration. Die Pflanzenwesen unter ihrer Schirmherrschaft haben kühlenden Einfluss auf überhitzte Prozesse. Sie vermögen Fieber zu senken, wie die Weide oder das Mädesüß, sorgen für süße Träume und tiefe Entspannung, wie Pappelknospen, oder fördern die Intuition, wie die sanften Blüten des Baldrian.
In den heiligen Hainen der Mondgöttin zelebrierten ihre Priesterinnen ihre magische Kunst. In Dürrezeiten waren es Rituale längst vergessenen Regenzaubers, mit denen sie unter dem Schutz der Mondgöttin das ersehnte Nass herbeiriefen. Die Weide ist überdies ein archaisches Lebensreis, mit dessen Schlag Fruchtbarkeit angeregt wurde. Im österlichen Palmbuschen finden sich mit dem Einbinden von Weidenzweigen noch Reste dieses Fruchtbarkeitszaubers.

Im römischen Götterreigen trägt die Mondgöttin den Namen Luna. Mit ihrem von zwei weißen Pferden oder Ochsen gezogenen Gespann fährt sie über den nächtlichen Himmel. Selene, die griechische Mondgöttin, steht nicht nur mit der Welt der Träume und der Intuition in Verbindung, sondern ist auch als Schirmherrin der Zauberkunst und Weissagung überliefert. Selenes Bruder ist der Sonnengott Helios, Lunas Bruder der Sonnengott Sol. Gemeinsam herrscht das jeweilige Geschwisterpaar über den Tag- und Nachthimmel. In der nordischen Götterwelt verehrte man die Mondgöttin Nana als Frau des Lichtgottes Baldur. Die ägyptische Muttergöttin Isis, deren Kult sich einst über das gesamte römische Imperium erstreckte, ist als Göttin der Erde, der Fruchtbarkeit und des Mondes überliefert. Sie ist die Himmelskönigin, die mit einer Sonnenscheibe zwischen zwei Kuhhörnern, einer Mondsichel und dem sternenübersäten Schutzmantel dargestellt wird. Sternenmantel und Mondsichel finden sich auch als Attribute der christlichen Himmelskönigin Maria. Isis galt als Sinnbild für weibliche Schöpfungskraft sowie als Heilerin und mächtige Magierin. Das „Isiskraut“/Eisenkraut ist ein wehenförderndes Geburtskraut, mit dem

die Kraft der Göttin die Frauen bei der Niederkunft begleitet.
Der vorchristliche Kalender stützte sich auf 13 Mondmonate, die dem zyklischen Zeitempfinden des weiblichen Monatsrhythmus nahestanden. Die 13 ist daher ursprünglich eine sehr weiblich besetzte Zahl, die erst im Zuge einer christlich patriarchalischen Sichtweise dämonisiert wurde. Der bäuerliche Jahreszyklus richtet sich in vielen Belangen von Säen und Ernten nach dem Rhythmus des Mondes und der alten Kalenderform. Die Verbindung des weiblichen Zyklus zur Kraft des Mondes ist für jede Frau subtil oder offenkundig seit jeher spürbar. Die Mondgöttinnen und ihre Kräfte sind der Stoff, aus dem weibliche Magie gewebt wird.
Eine Begegnung zwischen einem jungen Mädchen, das mit der ersten Menstruation die Schwelle zum Frausein überschreitet, und den archaischen Mondgöttinnen kann eine zauberhafte Brücke für die Initiation in die Mysterien des Weiblichen schaffen.

Venus und Aphrodite

Die Kunst der Liebe, sexuelle Magie und bezaubernde weibliche Anmut wird von den beiden Liebesgöttinnen Aphrodite und Venus verkörpert. Aphrodite, die griechische Liebesgöttin, wurde den Mythen nach mit einem weißen Rosenstrauch und einem Myrtenzweig in der Hand aus dem Schaum des Meeres geboren. Sie ist als Göttin mit zahlreichen Liebhabern und als Mutter des geflügelten Liebesgottes Eros überliefert. Nach ihr sind nicht nur alle Liebeskräuter mit dem Begriff „Aphrodisiakum“ belegt, sondern auch ein alljährliches Fest mit dem Namen Aphrodisia war ihr geweiht. Im römischen Imperium waren alle Liebesangelegenheiten der betörenden Göttin Venus unterstellt. Ohne Zweifel war sie die anmutigste und liebreizendste aller Göttinnen des antiken Götterhimmels.

Wie der lieblichen Aphrodite, so war auch Venus ein eigenes Fest, die Veneralia, gewidmet, die man traditionell am 1. April feierte. Venus' Geschenk an die Menschen ist die sexuelle Ekstase, die man mit Liebespflanzen zu vertiefen versuchte. Schenkt man den Überlieferungen Glauben, so verschenkte Venus ihre Gunst oft und gerne. Aus ihrer Verbindung mit dem Kriegsgott Mars ging der Liebesgott Amor hervor. Über die Jahrhunderte sind Künstler aller Genres der Anziehungskraft der beiden anmutigen Göttinnen erlegen und haben ihnen Werke gewidmet, die ihre Epoche überdauert haben.

Die Liebesgöttinnen sind Aspekte der inneren Göttin, die jede Frau in bestimmten Phasen ihres Lebens lebt.

Zur Feier der ersten Menstruation im Frauenkreis erwecken Erzählungen über diese Göttinnen etwas Strahlendes, Zauberhaftes des ewig Weiblichen, das sich damit dem jungen Mädchen an der Schwelle des Übertritts offenbart.

Ritual: Mond und Venus – lebe die Göttin in dir

Vorbereitung des Rituals:

- Bei einer Zusammenkunft zur Feier der ersten Periode dominiert in der Kleidung jeder Teilnehmerin die Farbe Rot. Die Geschenke, die dem jungen Mädchen im Rahmen dieses Übergangsrituals überreicht werden, sollten ebenfalls die Farbe Rot anteilig beinhalten.
- Rote Speisen für den Imbiss dürfen natürlich keinesfalls fehlen. Je nach Jahreszeit bieten sich hierfür Erdbeeren, Himbeeren, rote Äpfel, Ribisel, Tomaten, rote Paprika, roter Pfeffer, rote Rüben oder Granatäpfel an.
- Ein Räucherstövchen, auf dessen Sieb Pflanzen zur Begleitung und vertieften Wahrnehmung des Übertritts vom Kind zur Frau verglimmen, wird in der Mitte des Frauenkreises platziert.

Folgende Pflanzenkräfte begleiten das Ritual:

Beifuß: Als Geburtskraut der Göttin Artemis und Schwellenkraut der Übergänge bringt Beifuß den Segen weiblicher Kraft in den Pflanzenreigen. Der würzige Räucherduft verleiht Kraft, um Vergangenes loszulassen, über die Schwelle zu gehen und Neues anzunehmen.

Birkenrinde: Der Baum der keltischen Frühlingsgöttin Brigid begleitet seit vorchristlicher Zeit Themen wie Neuanfang und Wiedergeburt. In diesem Ritual symbolisiert der leichte, zarte Duft die Wiedergeburt des jungen Mädchens in ihr Leben als erwachsene Frau.

Damiana: Das duftende Kraut ist eine traditionelle Fruchtbarkeitspflanze der Maya. Die balsamischen Duftnoten wecken Sinnlichkeit, um das Leben sinnenfroh zu betrachten und zu genießen.

Frauenmantel: Bereits die Druiden verwendeten die Tautropfen, die der Frauenmantel selbst bildet, in ihren Ritualen als Weihwasser. Die empfangende Kraft, die sich im umhüllenden Blättermantel ausdrückt, findet ihr Spiegelbild im weiblichen Schoß. Mond und Venus wirken in dieser Heilpflanze und schenken ihr Kräfte zur Stärkung der Weiblichkeit. Das Mysterium der Weiblichkeit in all seinen Schattierungen wird von diesem Pflanzenwesen unterstützt.

Holunderholz und -blüten: Die süß duftenden Blüten bringen Segen und den Aspekt der Fruchtbarkeit in ein Schwellenritual. Holunderholz verbindet mit der weiblichen Ahnenlinie und deren Wissen.

Mädesüß: Der süße Räucherduft dieses mondgeprägten Pflanzenwesens markierte seit vorchristlicher Zeit den Übergang in eine neue Phase. Insbesondere junge Mädchen wurden mit diesem uralten

Ritualkraut der Kelten beim Übertritt in das Leben einer erwachsenen Frau beräuchert.

Myrrhe: Myrrhe gilt als der weibliche Teil des Gegensatzpaares Weihrauch und Myrrhe. Die große Muttergöttin Isis wurde im zeremoniellen Tagesablauf Ägyptens zu Mittag mit dem Verräuchern von Myrrhe geehrt. Das kostbare Harz wurde bereits in der Antike als Liebesmittel verwendet, das vor allem Frauen für die sinnliche Wahrnehmung geöffnet haben soll. In verschiedenen Kulturen galt Myrrhe als Symbol für den fruchtbaren, gebärenden Schoß der Erde und als Sinnbild für die weibliche Erotik.

Myrte: In Rom war Myrte die Pflanze der Liebesgöttin Venus. Beim Frühlingsfest zu Ehren der Göttin bekränzte man sich mit Myrte, die als Liebes- und Mysterienpflanze galt. Ein eigener Altar der Venus Myrtea bezeugt die innige Verbindung der Göttin zu diesem Bäumchen der Liebe und Reinheit.

Rosenblüten: Die Rose ist in allen Kulturen ein Symbol für die Liebe. Ihr Duft berührt alle unsere Sinne und öffnet für Güte, Freundlichkeit, Liebe und Verständnis. Für dieses Ritual sollten es rote Rosenblätter sein.

- Um die innere Göttin des Mädchens zu erwecken, benötigen Sie zudem eine Schale mit Wasser, in die ein Mondstein gelegt und rote Rosenblüten gestreut werden. Stellen Sie die Schale für einige Zeit in die Sonne, damit das Wasser mit den Informationen des Mondsteins und der Rosenblüten aufgeladen werden kann.

Durchführung des Rituals:

- ✧ Alle Teilnehmerinnen des Rituals sitzen in einem Kreis. Zu linker Hand des jungen Mädchens sitzt die Mutter. Zu ihrer Rechten nimmt die Großmutter, die Patin oder eine gute Freundin Platz. Das Stövchen mit Sieb steht auf einem Tisch in der Mitte des Kreises, auf den auch die Geschenke für das Mädchen gelegt werden. Die Mutter und die Großmutter entzünden zur Eröffnung des Rituals das Teelicht im Stövchen und legen die Räucherpflanzen an den Rand des Siebes. Als Glieder der weiblichen Ahnenlinie überbringen sie dem Mädchen damit symbolisch die duftenden Botschaften der Pflanzen.
- ✧ Die Mutter taucht einen Finger in das mit Mondstein und Rosenblüten aufgeladene Wasser und zeichnet ihrer Tochter das Zeichen des zunehmenden Halbmondes auf die Stirn. Sie sagt: „Mit dem Zeichen des zunehmenden Mondes erwecke ich die Kraft deiner inneren Göttin. Ich wünsche dir als Gabe der Mondgöttin Fruchtbarkeit. Sei willkommen im Kreis der Frauen." Anschließend überreicht sie ihrer Tochter ein Geschenk als Erinnerung an diesen besonderen Tag. Ein Anhänger oder Ring aus Mondstein oder ein Erbstück, das von den Frauen der Familie weitergegeben wird, wäre eine symbolträchtige Geste.
- ✧ Das Ritual wird mit der Teilnehmerin zu linker Hand der Mutter fortgesetzt. Mit der Großmutter oder an ihrer Stelle einer guten Freundin der Mutter ist der Kreis geschlossen. Jede Teilnehmerin zeichnet den Mond auf die Stirn des jungen Mädchens und spricht den Satz: „Mit dem Zeichen des zunehmenden Mondes erwecke ich die Kraft deiner inneren Göttin. Ich wünsche dir als Gabe ...", der von jeder Frau abgewandelt wird.

Zum Beispiel:

„Ich wünsche dir als Gabe der Mondgöttin Kreativität" oder
„Ich wünsche dir als Gabe der Mondgöttin Intuition",

„Ich wünsche dir als Gabe Aphrodites Anmut“,
„Ich wünsche dir als Gabe Aphrodites Liebenswürdigkeit“,
„Ich wünsche dir als Gabe Aphrodites Schönheit“,
„Ich wünsche dir als Gabe der Göttin Venus bewussten Kontakt zu deiner inneren Göttin“,
„Ich wünsche dir als Gabe der Göttin Isis Heilkraft.“

Anschließend folgt jeweils der Satz: „Sei willkommen im Kreis der Frauen“, und es wird das Geschenk überreicht.

✧ Es wird gemeinsam gegessen, getanzt und gefeiert. Jede der anwesenden Frauen erzählt eine Geschichte darüber, was es bedeutet, Frau zu sein oder darüber, wie sie ihre persönliche Form der Weiblichkeit lebt. In diesem Schwellenritual vom Kind zur jungen Frau erfährt das Mädchen die Kraft und Magie eines Frauenkreises ebenso wie die Bedeutung ihrer weiblichen Ahnenlinie.

Rahmenbedingungen für ein Übergangsritual am Tor zum Mannsein

Wenn Vater und Sohn oder ein väterlicher Freundeskreis und ein Initiant sich dazu entschließen, ein Ritual des Übergangs zu zelebrieren, so wird es kein vorbestimmtes Muster dafür geben, denn jede familiäre Struktur, der die Teilnehmer angehören, ist einzigartig. Eine weitere Variante wären mehrere Väter, die sich mit den Söhnen im Alter zwischen 12 und 14 Jahren diesem gemeinsamen Erlebnis stellen.

Ein gemeinsam verbrachtes Wochenende an einem abgeschiedenen Platz in der Natur bietet die Möglichkeit für Gespräche rund um ein Feuer, das für eine entspannte, meditative Atmosphäre sorgt. Es obliegt dem jungen Mann Feuerholz zu sammeln, das Feuer auf archaische

Weise mit einem Feuereisen zu entfachen und die Feuerstelle verantwortungsbewusst zu betreuen.

Themen richtungsweisender Gespräche am Feuer können die Auseinandersetzung mit der Familiengeschichte, die Betrachtung der Werte, die Facetten des Mannseins sowie die Zukunftsvorstellungen des Jugendlichen sein.

- Mit welchen Vorfahren möchte man den Jugendlichen, untermauert durch Erzählungen und Fotos, vertraut machen?
- Gibt es immer wiederkehrende Themen in der männlichen Ahnenreihe?
- Welche männlichen Rollenbilder erschließen sich aus diesen Erzählungen?
- Welches Fundament haben die Vorfahren des Jugendlichen für ihn gebaut?
- Welche Facetten möchte er als Mosaikstein in dieses Familiengefüge einbringen?
- Welchen Vorfahren empfindet er als besonders „männlich" und weshalb?
- Was bedeutet es, Mann zu sein?
- Welche Eigenschaften und Verhaltensweisen zeichnen einen Mann aus?
- Wie möchte er den Weg des Mannseins gehen?
- Welche Pflichten innerhalb der Familie werden ihm künftig jenseits der Kindheit übertragen?

Abschließend wird unter freiem Himmel übernachtet, womit viele Jugendliche aus ihrer Komfortzone herausgeholt werden.

Vergessen Sie bitte nicht das Feuer zu löschen und verantwortungsvoll dafür zu sorgen, dass kein Brand entsteht.

Als Abschluss dieses Wochenendes übergibt der Vater seinem Sohn ein Geschenk, das er vielleicht bereits von seinem Vater oder Großvater erhalten hat. Damit nimmt der junge Mann auf sichtbare Weise

seinen Platz in der männlichen Familienlinie ein.
Die Sichtweise des erwachsenen, Verantwortung übernehmenden Mannes kann dem Jugendlichen auch bei einem Sozialprojekt, für das Vater und Sohn sich gemeinsam engagieren, vermittelt werden.

Schwellenrituale am Tor vom Kind zum Erwachsenen

Ritual: Das Tor durchschreiten

Vorbereitung des Rituals:
Dieses Ritual eignet sich als Abschluss des vorangehend beschriebenen Zusammenseins rund um das Feuer ebenso, wie als Abschluss eines Mutter-Tochter-Rituals zur Feier der ersten Menstruation. In abgewandelter Form des Rückblicks auf verschiedene Stufen der Vergangenheit eignet es sich für jedes Durchschreiten eines Tores am Beginn eines neuen Lebensabschnittes. Um das Bewusstsein mit dem Rauch verglimmender Kräuter und Harze für Botschaften der geistigen Welt oder die visionäre Bildkraft des Unbewussten zu öffnen, benötigen Sie entweder

- ein Räucherstövchen mit Sieb und Teelicht oder
- eine Tonschale, deren Boden mit Sand bedeckt ist und darauf platzierte Glutstücke aus der Feuerstelle.

Die Neun-Kräuter-Magie der vorchristlichen Völker, die uns ein umfangreiches magisches und heilendes Wissen über Pflanzenkräfte hinterlassen haben, schätzt einen Pflanzenverband aus neun Kräutern als besonders heilsam.

Zur Verfeinerung der Wahrnehmungsfähigkeit empfiehlt es sich, folgende Pflanzenstoffe für diese innere Reise zu verglimmen:

Beifuß: Dem „Machtwurz" wird besondere Kraft zugesprochen, wenn es gilt, das Tor zum Unbewussten zu durchschreiten oder den Geist auf Reisen in das Gefüge der inneren Welt zu schicken. Den Kelten und Germanen galt dieses Pflanzenwesen als heilig. Weltweit finden sich Hinweise auf die Verwendung von Beifuß im Schamanismus.

Eichenrinde: Der heilige Baum der Kelten war in allen alteuropäischen Kulturen ein Sinnbild für Mut und Stärke. Er war Zeus/Jupiter sowie dem ungezähmten hammerschwingenden germanischen Gott Thor geweiht. Im feinen Räucherduft schwingen all die geistigen Prinzipien mit, die sich über Jahrtausende in diesem Baumwesen verankert haben: Willensstärke, Mut, Kampfgeist, Durchhaltevermögen und die weise Herzensgüte, die Gerechtigkeit erfordert.

Eisenkraut: In der keltischen Räuchertradition hatte das Eisenkraut neben Beifuß und Mistel eine zentrale Position. Die Druiden trugen Kränze aus Eisenkraut im Haar, um sich für Hellsehen sowie Wahrträume zu öffnen und sich vor magischen Übergriffen zu schützen.

Holunderholz: Als Sippenbaum stand der Holunder einstmals bei jedem Gehöft und genoss die Ehrerbietung der Menschen. Der Strauch der Göttin Holle gilt als Eingang in ihre lichte Welt. Er gewährt den Seelen der Verstorbenen den Übertritt in Holles Reich und hilft desgleichen den Geistwesen der Kinder, in die diesseitige Realität zu gelangen, um als Kind in die Sippe geboren zu werden. Der feine Räucherduft schafft eine Brücke zum Wissen der Ahnen. Der Duft unterstützt die Anpassung an den steten Wandel, den die geistige Reife benötigt und das Erkennen unseres Seelenplanes.

Mistelkraut: Die Mistel ist eine der heiligsten Pflanzen unserer Vorfahren. Die weißen Beeren der geschätzten Ritualpflanze der Raunächte symbolisieren das männliche Fruchtbarkeitsprinzip der winterlichen Sonnwendmysterien. Der süße, krautige Duft ist ein Begleiter für den Schritt über die Schwelle in eine neue Etappe. Als Pflanzenwesen zwischen den Welten verbindet sie verschiedene Seinsebenen. Sie eignet sich ausgezeichnet für schamanische Reisen und Rituale zur Visionssuche.

Schwarzer Copal: Der schwarze Copal wurde den mythologischen Erzählungen der Maya gemäß vom Jaguar der Nacht gebracht. Der Jaguar stand in hohem Ansehen und galt als von der Kraft der Sonne beseeltes Tier. Mystisch, dunkel, weich und tröstlich schafft dieses Harz einen Raum der Geborgenheit, der auf inneren Reisen dabei unterstützt, die Lage von einem höheren Standpunkt aus einzuschätzen.

Styrax: Styraxräucherungen waren bereits in der Antike sehr beliebt. In Griechenland ehrte man die zauberkundige Göttin Hekate mit Styraxräucherungen. Mithilfe des entspannenden, blumigen Duftes riefen ihre Orakelpriesterinnen diese Göttin der Wegkreuzungen rituell um Weissagungen an.

Weihrauch: Der helle, zarte Duft von Weihrauch begünstigt die innere Sammlung und ist daher ein wunderbarer Begleiter für Meditationen.

Weißer Salbei: Unter dem Einfluss dieser aromatischen Duftimpulse wird der Geist wach, klar und konzentriert. Als Vorbereitung zur Meditation und Trancearbeit ist diese Pflanze ein unverzichtbarer Begleiter.

Überdies benötigen Sie Papier und Stift, um Ihre Eindrücke festhalten zu können.

Durchführung des Rituals:

- ✧ Die Männer- oder Frauenrunde sitzt in einem Kreis rund um das Räucherstövchen oder das Feuer. Der junge Mann bzw. das junge Mädchen wählt aus der Runde einen „Paten“, der den Text für die Visionsreise liest und ihn/sie auch nach diesem Tag mit Rat und Tat auf dem Weg zum Mann-/Frausein begleiten soll.
- ✧ Nun streut der junge Mann/das junge Mädchen die vermengten Räucherstoffe auf die Glutstücke oder platziert sie am Rand des Siebes.
- ✧ Der junge Mann/das junge Mädchen schließt die Augen und der Pate beginnt, ihn/sie durch das Ritual zu führen.
- ✧ Setzen Sie sich entspannt hin und legen Sie Ihre Hände in Form einer Schale in Höhe Ihres Nabelchakras ineinander.
- ✧ Konzentrieren Sie sich auf Ihren Atem. Beobachten Sie, wie sich Ihre Bauchdecke sanft im Rhythmus Ihres Atems hebt und senkt.
- ✧ Genießen Sie den Duft der verglimmenden Kräuter. Stemmen Sie sich nicht gegen auftauchende Gedanken, sondern lassen Sie die Bilder gelassen vorbeiziehen.
- ✧ Atmen Sie tief und ruhig, bis Sie sich völlig entspannt fühlen.
- ✧ Sie sind gelassen und ganz im Zentrum Ihrer Kraft.
- ✧ Sie fühlen sich geborgen, voller Licht und Liebe.
- ✧ Bitten Sie nun einen Begleiter aus der geistigen Welt, bei Ihrer inneren Reise an Ihrer Seite zu bleiben.
- ✧ Seien Sie offen dafür, in welcher Form Sie Ihren Schutzgeist wahrnehmen. Er kann mit Ihnen als Licht, Schutzengel, Klang, Krafttier oder auch als Pflanzenspirit durch die innere Welt reisen.
- ✧ Visualisieren Sie nun ein Tor, das ganz und gar von Misteln bewachsen ist. Es funkelt und schimmert im Licht der Sonne.
- ✧ Sie stellen sich in das Tor und blicken auf den Weg zurück, auf dem Sie zu diesem Tor gewandert sind.
- ✧ Sie fühlen sich sicher und gelassen, voller Freude über die Weg-

strecke, die Sie bis jetzt geschafft haben.

✧ Visualisieren Sie nun, wie Sie langsam auf diesem Weg zurückwandern. Sie halten an dem Punkt, an dem Sie 10 Jahre alt sind. Welche Szene zeigt Ihnen Ihr Schutzbegleiter?
Was sollen Sie aus dieser Szene lernen?
✧ Sie wandern weiter und halten an dem Punkt an, an dem Sie 8 Jahre alt sind.
Welche Szene zeigt Ihnen Ihr Schutzbegleiter?
Was sollen Sie aus dieser Szene lernen?
✧ Sie wandern weiter zurück und halten an einem Punkt zu Beginn Ihrer Schulzeit an.
Welche Szene sehen Sie? Was bedeutet sie?
✧ Nun wandern Sie noch ein Stück zurück, bis Sie an einem Punkt halten, an dem Ihnen ein Ereignis aus Ihrer frühen Kindheit gezeigt wird. Versuchen Sie auch diese Szene einzuordnen und zu erkennen, warum sie Ihnen gezeigt wird.
✧ Atmen Sie tief und entspannt, fühlen Sie sich frei und gelassen. Fühlen Sie die Liebe, von der Sie umgeben sind.
✧ Visualisieren Sie nun, wie Sie wieder vor dem mistelbewachsenen Tor stehen. Sie sind neugierig auf den Weg jenseits des Tores. Er funkelt und schimmert im strahlenden Sonnenlicht.
✧ Ihr Begleiter wartet auf diesem Weg auf Sie und winkt Ihnen, ihm zu folgen.
✧ Sie gehen durch das Tor, voller Freude über das, was Sie erwartet.
✧ Ihr Begleiter bleibt an Ihrer Seite und hält immer wieder an, um Ihnen Personen und Szenen auf diesem hellen Weg zu zeigen.
✧ Nehmen Sie alle Bilder, Personen und Botschaften, die Ihnen auf dem Weg begegnen, aufmerksam wahr.
✧ Schließlich führt Sie Ihr Begleiter zum Misteltor zurück.
✧ Sie bitten ihn noch um einen Hinweis für Ihre Bestimmung, für Ihre Lebensaufgabe.

- ✧ Sie bedanken sich bei Ihrem Schutzgeist und verabschieden sich von ihm.
- ✧ Bleiben Sie noch eine Weile am Tor und denken Sie über die Szenen, die Sie gesehen haben, die Personen, denen Sie begegnet sind und die Botschaften, die Sie empfangen haben, nach.
- ✧ Sie fühlen sich frei und gelassen, voller Selbstvertrauen.
- ✧ Nun finden Sie sich wieder an Ihrem Platz am Feuer (oder im Raum vor dem Stövchen) ein.
- ✧ Sie bewegen die Finger, die Arme, die Füße und die Beine und öffnen schließlich die Augen.
- ✧ Notieren Sie Ihre Eindrücke und lesen Sie diese in den nächsten Tagen noch einige Male durch.
- ✧ Bewahren Sie sie sorgfältig auf und werfen Sie, wann immer Sie vor Entscheidungen in Ihrem Leben stehen, einen Blick darauf.
- ✧ Bewahren Sie Ihren Schutzgeist in Ihrer Erinnerung. Er wird immer ein Teil von Ihnen sein, der Ihnen hilft, Situationen von einer höheren Warte aus zu betrachten.

Ritual: Im Steinkreis

Die Vorbereitung für dieses Ritual verläuft gleich wie im Ritual „Das Tor durchschreiten“ beschrieben.

Durchführung des Rituals:

- ✧ Die Männer- oder Frauenrunde sitzt in einem Kreis rund um das Feuer/Räucherstövchen. Der junge Mann bzw. das junge Mädchen wählt aus der Runde einen „Paten“, der den Text für die Visionsreise liest und ihn/sie auch nach diesem Tag mit Rat und Tat auf dem Weg zum Mann-/Frausein begleiten soll.

- Nun streut der junge Mann/das junge Mädchen die vermengten Räucherstoffe auf die Glutstücke oder platziert sie am Rand des Siebes.
- Der junge Mann/das junge Mädchen schließt die Augen und der Pate beginnt, ihn/sie durch das Ritual zu führen.
- Setzen Sie sich entspannt hin und legen Sie Ihre Hände in Form einer Schale in Höhe Ihres Nabelchakras ineinander.
- Konzentrieren Sie sich auf Ihren Atem. Beobachten Sie, wie sich Ihre Bauchdecke sanft im Rhythmus Ihres Atems hebt und senkt.
- Genießen Sie den Duft der verglimmenden Kräuter. Stemmen Sie sich nicht gegen auftauchende Gedanken, sondern lassen Sie die Bilder gelassen vorbeiziehen.
- Atmen Sie tief und ruhig, bis Sie sich völlig entspannt fühlen.
- Sie sind gelassen und ganz im Zentrum Ihrer Kraft.
- Sie fühlen sich geborgen, voller Licht und Liebe.
- Bitten Sie nun einen Begleiter aus der geistigen Welt, bei Ihrer inneren Reise an Ihrer Seite zu bleiben.
- Visualisieren Sie einen Steinkreis, in dessen Mitte Sie sitzen. Der Steinkreis liegt auf einer Klippe hoch über dem Meer. Sie fühlen den Wind, der vom Meer landeinwärts bläst, auf Ihrem Gesicht. Sie sehen die Wellen, die tosend an die Küste schlagen.
- Sie fühlen sich frei und entspannt.
- Ihr Begleiter aus der geistigen Welt steht neben Ihnen und lenkt Ihren Blick auf einen Stein im Kreis.
- Eine Gestalt tritt aus dem Stein heraus und nähert sich Ihnen. Vielleicht ist es jemand, den Sie bereits kennen oder jemand, dem Sie noch nie zuvor begegnet sind.
- Die Person aus dem Steinkreis überreicht Ihnen ein Geschenk für Ihren Weg als Mann/Frau.
- Sie fühlen sich sicher und gelassen, voller Freude über die Gaben, die ein Symbol für Ihre Aufgabe als Mann/Frau sind.

- Die Person wendet sich zu dem Stein zurück, aus dem sie hervorgetreten ist, und bleibt vor ihm stehen.
- Aus dem nächsten Stein im Kreis tritt jemand heraus, kommt zu Ihnen in die Mitte und überreicht Ihnen ein Geschenk.
- Visualisieren Sie, wie auch diese Person zurück zu ihrem Stein geht und davor stehen bleibt.
- Atmen Sie tief und entspannt. Fühlen Sie die Liebe und Weisheit all jener, die mit Ihnen in diesem Kreis sind.
- Visualisieren Sie, wie der Reihe nach aus jedem Stein im Kreis jemand heraustritt, der Ihnen ein Geschenk überreicht und wieder zu seinem Stein zurückkehrt.
- Visualisieren Sie abschließend noch einmal jede einzelne Person vor ihrem jeweiligen Stein. Bedanken Sie sich bei ihr und fühlen Sie, was Sie mit ihr verbindet.
- Die Sonne versinkt langsam im Meer. Der Steinkreis ist in goldenes Licht getaucht, das warm und angenehm auch durch Ihren Körper fließt.
- Nehmen Sie Ihre Geschenke an sich. Verabschieden Sie sich von Ihrem Schutzbegleiter aus der geistigen Welt.
- Sie bitten ihn noch um einen Hinweis für Ihre Bestimmung, für Ihre Lebensaufgabe.
- Bleiben Sie noch im Steinkreis, solange Sie sich dort wohlfühlen, und denken Sie über die Personen und ihre Geschenke nach.
- Sie fühlen sich frei und gelassen, voller Selbstvertrauen.
- Nun finden Sie sich wieder an Ihrem Platz am Feuer (oder im Raum vor dem Stövchen) ein.
- Sie bewegen die Finger, die Arme, die Füße und die Beine und öffnen schließlich die Augen.
- Notieren Sie Ihre Eindrücke und lesen Sie diese in den nächsten Tagen noch einige Male durch.
- Bewahren Sie sie sorgfältig auf und werfen Sie, wann immer Sie

vor Entscheidungen in Ihrem Leben stehen, einen Blick darauf.

- ✧ Bewahren Sie Ihren Schutzgeist in Ihrer Erinnerung. Er wird immer ein Teil von Ihnen sein, der Ihnen hilft, Situationen von einer höheren Warte aus zu betrachten.

Am Ende des Rituals überreicht ihm/ihr der Pate ein Symbol, das ihn/sie an seine/ihre Werte als Mann/Frau erinnern soll. Der Vater/ die Mutter überreicht ihm/ihr etwas aus der männlichen/weiblichen Ahnenlinie (ein Foto, eine Uhr, ein Schmuckstück, einen Brief usw.).

Die Jugend im Spiegel des Jahreskreises

Das Mondfest Imbolc markiert jenen Zeitpunkt, an dem die „Weise Alte" das Zepter der Jahresherrschaft an die jungfräuliche Frühlingsgöttin übergibt. Sie weckt die Natur aus der Erstarrung des Winters. Ihre zunehmende weibliche Kraft verheißt Fruchtbarkeit und üppiges Leben. Der junge Gott an ihrer Seite wächst seiner Bestimmung als Bräutigam der jungen Göttin entgegen. Noch zeigt er sich nicht in seiner voll entfalteten Kraft. In Gestalt des Bären, der im Winterschlaf in einer Höhle als Symbol für den Schoß der Göttin überdauert hat, beginnt er einen neuen jahreszeitlichen Zyklus.
Mit Imbolc werden die erneuernden Kräfte des Ostens, verkörpert durch die Frühlingsgöttin, gefeiert. Die ungestüme, vorwärtsdrängende Energie der Jugend spiegelt sich in den feurigen Marskräften des Frühlings, die rund um die Frühlings-Tagundnachtgleiche und um die Osterzeit spürbar sind. Diese zielgerichtete, Lebensraum erobernde Kraft ist das Fundament der Wachstumsenergie und zugleich der Weg zu den Mairiten.

Dû bist mîn,	Du bist mein,
ich bin dîn	ich bin dein
des solt dû gewis sin.	dessen sollst du gewiss sein.
Dû bist beslozzen	Du bist eingeschlossen
in mînem herzen,	in meinem Herzen,
verlorn ist das sluzzelîn:	verloren ist das Schlüsselchen:
dû muost ouch immêr	du musst auch für immer
darinne sîn.	darin bleiben.

Unbekannter mittelhochdeutscher Dichter

4

Hochzeit – Die Hohe Zeit

Der schönste Tag im Leben – Ein Streifzug durch die Zeit

Die romantische Betrachtung von Hochzeit und Ehe hat sich erst vor wenigen Jahrzehnten etabliert.

Ursprünglich lagen einer Heirat die Verbindung zweier Familien oder Sippen, dynastische Absichten oder einfach wirtschaftliche Zwecke zugrunde. Macht, Einfluss und Vermögen wurden durch Heirat vermehrt. Andere eheliche Verbindungen besiegelten den Frieden zwischen verfeindeten Adelshäusern und Sippen. Das Wort *Heirat* leitet sich vom mhdt. Wort *hochgezit* in der Bedeutung von die *hohe Zeit* ab. Das Wort *Ehe* entspringt dem ahd. *ewa*, *das Gesetz*. Auch ewig hängt damit zusammen, woraus sich erschließt, dass eine solche Verbindung als ewig während, also bis zum Tod, betrachtet wurde.

Eine gebräuchliche Eheform der germanischen Kultur, die sich bis ins Mittelalter hielt, war die Muntehe. Der Ehemann in spe vereinbarte mit der Sippe der Braut einen Brautpreis, der im Laufe der Zeit nicht mehr an die Sippe, sondern an die Braut selbst bezahlt wurde, um sie finanziell abzusichern, sollte dem Ehemann etwas zustoßen. War der Brautpreis geleistet, so ging die Vormundschaft vom Vater der Braut auf den Ehemann über. Aus germanischen Traditionen ist auch die Sitte des Gabentausches überliefert, die ein Abkommen über eine Heirat ebenso bindend machte, wie es heute durch eine Unterschrift geschieht. Die Frau schenkte ihrem Ehemann am Tag der Hochzeit eine Waffe, womit sie sich symbolisch unter seinen Schutz begab. Der Ehemann wiederum überreichte seiner Frau nach der ersten Nacht Besitz und Vieh, um ihre Eigenständigkeit zu sichern. Die Zeremonie fand im Freien und vermutlich vorzugsweise an einem Freitag, dem Tag der Göttin Freya, statt, unter deren Schutz die Liebe und die Ehe standen. Der Bräutigam übergab seiner Braut die Schlüssel des

Hauses, womit sie symbolisch den Haushalt an sich nahm. Betrat sie dann als Braut das Haus ihres Mannes, so umschritt sie drei Mal das Herdfeuer. Die Feuerstelle ist seit jeher der Mittelpunkt der Familiengemeinschaft. Mit der dreimaligen Umrundung wurde die junge Frau mit Feuer gesegnet und in die Familie eingegliedert. Die Verbindung des Feuers mit den Riten der Hochzeit kennzeichnet viele europäische Völker, denn Feuer ist ein sehr altes Symbol für Leben, Überleben und das Gedeihen im häuslichen Bereich. Im antiken Griechenland nahm die Braut Feuer vom Herd der Mutter, um mit dieser Glut das Feuer im eigenen Herd zu entzünden und Schutz und Segen in die Ehe zu bringen. Religiöse Zeremonien wurden ursprünglich in Griechenland und Rom nicht im Tempel, sondern vor dem Feuer im Haus gefeiert. Das Feuer im Herd wurde jedes Jahr aufs Neue mit Glut aus dem Tempel der Göttin Vestia, die auch über die Ehe wacht, erneuert. In hinduistischen Hochzeitszeremonien umrundet das Paar sieben Mal das Feuer. Wie bei der Geburt, wenn das Neugeborene ums Feuer getragen wurde, dient auch die Feuerzeremonie bei der Hochzeit dazu, Glück und Segen zu bringen.

Im Mittelalter war das Bild der ebenbürtigen germanischen Frau bereits gehörig ins Wanken geraten. Die gebräuchliche Trauungszeremonie der Muntehe zeigt eine Braut, die ihrem Mann zusammen mit einem Speer, Schwert oder Hut als Symbol der Schutzgewalt ihres Mannes über sie übergeben wurde. Der Bräutigam hielt die Hände seiner Braut, trat symbolträchtig auf ihren Fuß und ummantelte sie als Zeichen seines Schutzes und seiner führenden Position in der Ehe. Als verheiratet galten beide erst, nachdem sie vor Zeugen die gemeinsame „Beschreitung des Ehebettes“ hinter sich gebracht hatten. Neben dieser kostspieligen, aufwändigen Eheform taucht in verschiedenen Quellen immer wieder die Friedlehe als weitere Eheform des Mittelalters auf, deren Existenz aber heute umstritten ist. Als Ehe ohne Brautpreisübergabe, die mit dem beiderseitigen Einverständnis der Ehepartner geschlossen wurde, konnte sie neben der Muntehe existieren. Die Kebsehe war eine mittelalterliche Form der Ehe zwischen einem Freien und einer Leibeigenen. Die Kinder aus solchen Verbindungen, die nicht erbberechtigt waren, hießen Kegel. Daher stammt auch der Spruch „Kind und Kegel". Wie die Mutter waren die Kinder dieser Verbindungen Leibeigene. Ab dem neunten Jahrhundert setzte sich die Kirche vehement gegen alle Eheformen neben der Muntehe ein, da sie eine Form der Polygamie darstellten.

Dem stetig wachsenden Einfluss der Kirche ist es zu verdanken, dass eine Ehe schließlich nur mehr als religiöse Zeremonie geschlossen werden durfte. Bis zum Ende des 18. Jahrhunderts waren Eheschließungen ausschließlich eine kirchliche Angelegenheit. Seit dem Konzil von Trient 1563 zählt die Ehe zu den katholischen Sakramenten. Als der Sturm der französischen Revolution über Europa hinwegfegte und die Grundfesten der sozialen Ordnung erschütterte, etablierte sich die Ehe erstmalig als ziviler Vertrag zwischen zwei Partnern, eine Gesetzesform, die bald in den meisten Ländern Europas um sich griff. In Österreich, Deutschland und der Schweiz wurde die Zivilehe im letzten Viertel des 19. Jahrhunderts eingeführt.
Trotzdem heute keine religiöse Zeremonie für die Gültigkeit einer Ehe erforderlich ist, sondern die Trauung am Standesamt den Beginn der Ehe markiert, fühlen sich viele Paare allein mit der Tatsache, dem Gesetz Genüge getan zu haben, nicht „richtig" verheiratet.

Handfasting

Aus der keltischen Kultur ist das Handfasting überliefert.
Dort, wo die holde Göttin Brigid verehrt wurde, schloss man zu Imbolc/Maria Lichtmess Probeehen, sogenannte Handfaste. In einer einfachen Zeremonie vor Zeugen stand sich das Paar gegenüber und umfasste die Hände des anderen. Mit einem Band, das um die Hände des Paares geschlungen wurde „verband" man sich, um den „Bund" für die Dauer von einem Jahr und einem Tag einzugehen. Diese seltsam anmutende Zeitspanne, in der das Paar prüfen konnte, ob es dauerhaft zusammenbleiben wollte, ergibt sich aus dem alten matriarchalen Jahreskalender von 13 Mondmonaten. Dreizehn Monate zu je 28 Tagen ergeben 364 Tage. Ergänzt um einen Tag entspricht das dem julianischen Sonnenkalender. Diese einfache Art, ein Ehegelöbnis auszutauschen, blieb in bäuerlichen Kreisen und der sozialen Unterschicht noch lange erhalten.

Beltane, das Fest unter dem Vollmond im Mai, das die sommerliche Jahreshälfte einläutete, war ebenfalls ein Zeitpunkt, an dem bevorzugt eheliche Verbindungen als Handfasting eingegangen wurden. Beltane war ein ausgelassenes, fröhliches Fest, in dem eine Hochzeit ganz besonderer Art bejubelt wurde. Gott und Göttin, Himmel und Erde vermählen sich in einer Heiligen Hochzeit – Hieros Gamos. Die wärmenden, feurigen Sonnenstrahlen befruchten die Erde, die als weiblich empfangende Kraft mit der Göttin gleichgesetzt wurde. Das Feuer von Liebe und Leidenschaft brannte in dieser von Zauber erfüllten Mainacht zwischen Gott und Göttin, um den Segen der Fruchtbarkeit über das Land zu ergießen. Jedes Dorf schmückte eine Maikönigin als irdische Vertreterin der Maigöttin. Blühende Weißdornzweige, Gänseblümchen und sonnige Margeriten waren in den Blütenkranz geflochten, den sie trug. Der junge Gott an ihrer Seite war in grünes Laub gehüllt. Aus der Mitte der jungen Burschen des Dorfes gewählt, forderte er stellvertretend die junge Maikönigin/Göttin zur Braut. Einen schöneren Zeitpunkt für ein Handfasting konnte es wohl kaum geben. Noch heute werden die meisten Hochzeiten im Mai gefeiert, um die Verbindung mit dieser magischen, leidenschaftlichen, sinnenfrohen Energie zu segnen.
Die wilde, ungestüme germanische Liebesgöttin Freya entspricht dem Archetyp der Göttin dieser Mairiten.

Freya, die nordische Liebesgöttin

Die Göttin Freya zählt zum Götterreigen der nordischen Völker. In der bäuerlichen und seefahrenden Kultur der germanischen Stämme Nordeuropas wurde sie als Erd-, Himmels- und Unterweltsgöttin verehrt. Sie ist der Inbegriff von Schönheit, Fruchtbarkeit, Liebe und selbstbestimmter Sexualität. Am Freitag, ihrem Tag, wurde ursprünglich geheiratet. Noch heute spricht man dem Freitag als Hochzeitstag eine besonders segensverheißende Grundlage für eine langwährende, glückliche Ehe zu. Die Verbindung der Göttin mit ihrem Zwillingsbruder Freyr, der seinerseits als Gott der Fruchtbarkeit und Zeugungskraft überliefert ist, scheint der Tradition der Geschwisterehe zu entsprechen. Als göttliches Paar verbildlichen sie das Prinzip der Vereinigung des weiblichen und des männlichen Poles, wie es in der „Heiligen Hochzeit" des Jahreskreisfestes Walpurgis (Beltane) zelebriert wurde. Einer der Namen Freyas ist Syr – die Sau –, deren nährender Aspekt der Fruchtbarkeitsgöttin entspricht. Freyas Name bedeutet Frau oder Herrin und gilt für die würdevolle, freie und mit Respekt betrachtete Frau. Ihr Falkenkleid zeichnet Freya als Schamanin aus. Es verleiht ihr die Fähigkeit des schamanischen Fluges und damit die Überwindung von Zeit und Raum. Mit dem Eindringen der Wikinger in die friedliche bäuerliche Kultur erscheinen neue Götter auf der Bühne des Götterhimmels. In der unausweichlichen kriegerischen Auseinandersetzung zwischen dem Göttergeschlecht der Wanen, dem Freya entstammt, und den Eroberern aus dem Osten, die die Götter der Asen mit sich bringen, wird Freyas Verbindung mit ihrem Bruder/Gatten Freyr aufgelöst. Die schöne Göttin musste einen neuen Gatten wählen. Sie wurde die Frau von Od, den verschiedene Auslegungen als Sterblichen mit diesem Namen oder als Odin, den Herrscher der Asen, deuten. Freya ist bekannt dafür, ihre Gunst gerne zu verschenken. Die berühmteste Episode involviert vier Zwerge und einen goldenen (oder aus Bernstein bestehenden) Halsschmuck. Um in den Besitz des begehrten Schmuckstückes zu gelangen, verbrachte sie mit jedem der vier Zwerge, die den Schmuck angefertigt hatten, eine Nacht in deren unterirdischem Reich. Danach entstieg sie, geschmückt mit Brisingamen, strahlend, schön und selbstbewusst dem Schoß der Erde. Der Überlieferung nach war sie, mit Brisingamen geschmückt

und in ihr Falkengewand gehüllt, für jedermann unwiderstehlich.
Freya entspricht dem Frauenbild der germanischen Kultur. Die Frauen der Wikinger und die Germaninnen sind als selbstbewusste, freie und, wenn die Notwendigkeit es verlangte, durchaus auch kriegerische Partnerinnen ihrer Männer überliefert. Mit fortschreitender Christianisierung wurde die wilde, ungezähmte, sinnenfrohe Göttin dem Vergessen überantwortet, um der keuschen Maria Platz zu machen.

Pflanzenzauber im Brautstrauß

Blumen sind seit Jahrtausenden Boten für unsere Gefühle und Wünsche, die sie mitunter besser zu vermitteln wissen als jedes Wort. Unsere naturnahen Vorfahren betrachteten viele Pflanzen als zauberkräftig, fähig, Unheil abzuwehren, Krankheiten zu besiegen oder Liebe und Treue segensreich zu unterstützen und zu bewahren.
Vieles vom Wissen über die traditionellen Pflanzen der Hochzeitsriten wurde als Folgeerscheinung einer rationalisierten Denkweise verschüttet.
Der Symbolgehalt der Hochzeitspflanzen bleibt dennoch unverändert. So manche Braut, die diesen Tag mit Segen erfüllen möchte, bindet ihren Brautstrauß wieder mit glücksverheißenden Pflanzenwesen, um den schönsten Tag im Leben mit Magie zu begleiten. So wie der Zauber der Liebe zwischen zwei Menschen die Übermacht des Verstandes sanft beiseiteschiebt, um der Sprache des Herzens Raum zu geben, so untermauert die Begleitung magischer Pflanzen am Hochzeitstag den Glauben an eine glückliche Ehe. Die ausgewählten Blüten und Kräuter werden nach altem Brauch mit roten Bändern gebunden. Die Farbe Rot verweist darauf, dass die mädchenhafte Braut in der Hochzeitsnacht zur „Roten Göttin“ erweckt wird, deren

Menstruationsblut die weibliche Magie reichen Kindersegens birgt. Der Brautstrauß wird vom Bräutigam besorgt und der Braut am Hochzeitsmorgen überreicht.

Für einen zauberhaften Brautstrauß sorgen:

Fichte

Die Fichte zählt zu den heiligen Bäumen der Kelten und Germanen. Als Lichtbaum der vorchristlichen Muttergöttin war sie in den Wintersonnenwende-Mysterien ein Symbol für das neue Leben, das mitten im Winter entspringt. In den immergrünen Nadeln der Fichte überdauert das Leben die starren, lebensfeindlichen Wintertage. Als Fruchtbarkeitssymbol und Zeichen für die ewig währende eheliche Gemeinschaft waren Girlanden aus Fichtengrün ein beliebter Hochzeitsschmuck.

Frauenmantel

Der „Venusmantel“ gehört zwar nicht zur Riege der überlieferten Hochzeitspflanzen, hat aber als Pflanzenwesen unter der Schirmherrschaft der Liebesgöttinnen Venus und Freya einen Platz im Brautstrauß verdient. Das wunderschöne „Venusgrün“ der Blätter sorgt für einen harmonischen Kontrast zu Blüten.

Farn

Der Volksmund kennt den Frauenhaarfarn als „Minnewurz“ oder „Venushaar“. In der inselkeltischen Tradition sind farnbewachsene Plätze der Wohnort des Elfenvolkes. Unter den vielfältigen magischen Eigenschaften dieses Pflanzenwesens scheint auch die Macht des

Liebeszaubers auf. Als Pflanze der unwiderstehlichen Liebesgöttinnen Venus und Freya eignet sich der glücksverheißende Farn, obwohl er nicht zu den überlieferten Hochzeitspflanzen zählt, wunderbar für den Brautstrauß.

Mädesüß

Die „Wiesenkönigin“ wurde Brautpaaren als glücksbringendes Symbol auf den Weg gestreut. Als Rosengewächs ist das Mädesüß mit Venus verbunden, deren Segen die Liebe beschützt. Der süße Duft der Blüten verleiht dem Brautstrauß eine träumerische, magische Komponente.

Myrte

Im Volksmund wird der Baum aus dem Mittelmeerraum „Brautmyrte“ oder „Hochzeitsstrauch“ genannt. In der Antike galt die Pflanze im arabischen Raum als Friedenssymbol. Sie soll aus dem Paradies stammen und fand Eingang in viele zeremonielle Handlungen. 1583 trat eine junge Braut aus der reichen Kaufmannsfamilie der Fugger mit Myrte vor den Altar und legte damit den Grundstein für die Verwendung der Zweige als Brautschmuck.

Rose

Die Rose gilt in allen Kulturen als Symbol der Liebe. Im römischen Imperium trug sie auch den Namen „Venusblut“ und galt als besonders potentes Aphrodisiakum. Die Blume der Liebesgöttinnen soll aus der ersten Morgenröte geboren worden sein. Die erotischen Rituale unterschiedlicher Kulturen wählten die Rose als duftenden Begleiter für die Verehrung des Weiblichen. In den Hochzeitsriten taucht sie nicht nur im Brautstrauß auf, sondern wird, einer römischen Tradition folgend, den Brautleuten auch auf den Weg und auf das Hochzeitsbett gestreut.

Rosmarin

Rosmarin war als „Rose des Meeres“ Aphrodite geweiht, deren Statuen man häufig mit Rosmarinkränzen schmückte. Die Sonnenenergie, die Rosmarin so reichhaltig zu speichern scheint, beflügelt als feurige Kraft offensichtlich auch die Sinne. Als Symbol der Liebe trug die Braut einen Kranz aus Rosmarin und steckte ihrem Bräutigam ein Zweiglein an, um sich seine Treue zu erhalten. Die am Hochzeitstag getragenen Rosmaringebinde pflanzte man sorgsam in die Erde. Verwurzeln sie und wachsen weiter, so gilt das auch heute noch als glückliches Omen für die Ehe. Die Germanen weihten diese aromatische Pflanze des Südens ihrer Liebesgöttin Freya. Im Mittelalter bis in die Frühe Neuzeit wurde Rosmarin als „Kraut des Troubadous“ für Fruchtbarkeits- und Liebeszauber verwendet.

Die Lebensrute und Fruchtbarkeitszauber

Die Naturwahrnehmung unserer Vorfahren unterscheidet sich deutlich vom heute üblichen Zugang zur Pflanzenwelt. Die tiefe Überzeugung von einer beseelten Natur und der Glaube an die magische Kraft der Pflanzen haben ihre Wurzeln in vorchristlicher Zeit.

Der beseelte Anteil der Pflanze, der Pflanzengeist, als Träger ihrer verborgenen Kräfte, wurde im Kampf gegen Krankheit oder destruktive Energie zu Hilfe gerufen.

Manche zauberkräftige Pflanzen galten als glückverheißend, andere wiederum öffneten die unsichtbaren Tore zur Welt der Ahnen und Andersweltlichen. Vor allem jedoch standen bestimmte Pflanzen im Ruf, Fruchtbarkeit und Lebenskraft auf Mensch und Tier oder die Erde zu übertragen. Reste dieses Fruchtbarkeitszaubers finden sich noch in den Raunachtsbräuchen, in den Birkenzweigen der Fronleichnamsprozession, im österlichen Palmbuschen oder eben in fruchtbarkeitsspendenden Hölzern der Hochzeitsriten.

Apfel

Als Symbol der Fruchtbarkeit und Liebe wurde der Apfel bis ins Mittelalter für Hochzeitsbräuche und Liebesorakel verwendet. In den mythologischen Überlieferungen der Germanen und Griechen verleiht der Apfel zudem ewige Jugend und Unsterblichkeit.

In der christlichen Betrachtungsweise wurde das Symbol der Liebe, Fruchtbarkeit und ewigen Jugend zum Sinnbild des Verfalls und der Erbsünde.

Eva verführte Adam mit einem Apfel dazu, vom Baum der Erkenntnis zu kosten. Es liegt an uns, die alte Bildsprache an diesem Baumfreund wiederzuentdecken. Was wäre ein schönerer Anlass als der Hochzeitstag, um diese Symbolik mit dem Schmuck blühender Apfelzweige oder reifer Äpfel wieder ins rechte Licht zu rücken?

Birke

Der Baum der keltischen Frühlingsgöttin Brigid zählt zu jenen Bäumen, mit deren Kraft die Lebensgeister geweckt und Fruchtbarkeit übertragen wurde. Als Teil der Mairiten steckten die jungen Burschen der Liebsten Birkenzweige vors Haus, in der Hoffnung, sie mit diesem Liebesgeständnis gewogen zu machen. Dem Vieh und den jungen Frauen versetzte man einen Schlag mit der Birkenrute (quicken, faseln), um damit die Fruchtbarkeitskräfte der Birke zu übertragen. Den Begriff quicken findet man noch in erquicken, einem Wort, in dem die Bedeutung von beleben oder mit Lebenskraft erfüllen überdauert hat.

Die Germanen verkörperten den Bezug zur mütterlichen Erdgöttin in der Birkenrune Berkana. Als magisches Zeichen initiiert und entfaltet Berkana Fruchtbarkeit und Wachstumsprozesse auf allen Ebenen. Die Birke, deren helle Wälder den Norden Europas prägen, weihten sie ihrer Göttin Freya. Als Schirmherrin der Ehe und der Kinder, mit denen die Liebe gesegnet wurde, begleitete sie auch die Neugeborenen, die in ihren Wiegen aus Birkenholz unter dem Schutz der Göttin wuchsen und gediehen.

Eberesche

Das hartnäckige Bestreben der Eberesche, selbst an den unwirtlichsten Stellen Wurzeln zu schlagen, erschien den Kelten als Zeichen außerordentlicher Lebenskraft. Die Eberesche war der Quickbaum, der Lebensbaum, dessen Lebenskraft durch Berührung mit seinem Holz übertragen werden konnte. Wie die Birke, so stand auch die Eberesche unter der Schirmherrschaft der Göttin Brigid.

Haselnuss

Die alten Pflanzenweisen sahen im Haselnussstrauch die Kräfte der holden Venus und die des geflügelten Götterboten Merkur wirken. Er steht seit archaischer Zeit im Ruf, eine Brücke in die Anderswelt zu schlagen, womit er, als Wünschelrute gebraucht, eine Verbindung zu den Energieströmen der Erde und zu den Elementargeistern und ihren verborgenen Schätzen herstellt. Vor allem jedoch galt die Haselnuss als Symbol der Fruchtbarkeit und Sexualkraft. In den Raunachtsbräuchen hat am 28. Dezember noch das „Frisch und g'sund schlagen" mit der Hasel- oder Weidenrute überdauert. Hildegard von Bingen war der heidnische Fruchtbarkeitszauber rund um den Haselstrauch ein Dorn im Auge. Sie verteufelte ihn als Sinnbild der Untreue und Wollust. Obgleich sie ihn ablehnte, empfahl sie den Strauch als potenzstärkende Kraft und Mittel gegen Unfruchtbarkeit. Der Überlieferung nach hingen Haselnusszweige über dem Ehebett, um Kindersegen zu gewährleisten. Hatte die Göttin die werdende Mutter mit einem Kind gesegnet, so trug die Schwangere Haselnusszweige samt deren Nüssen als sichtbares Zeichen ihres Glücks.

Der Ruf als Baum der Sinnenlust, der sexuellen Freuden und der Verführung ist in Volksliedern und Sprüchen überliefert. „Wenn es Haselnüsse gibt, wird es ein kinderreiches Jahr", ist einer davon.

Kirsche

Ähnlich dem Apfel war die Kirsche ursprünglich ein Symbol der Fruchtbarkeit. Die Verbindung zur weiblichen Sexualität macht den Baum zum idealen Kandidaten für Fruchtbarkeitszauber und Rituale mit diesem Hintergrund. Einem alten Fruchtbarkeitsbrauch der Raunächte gemäß schneidet man am 4. Dezember, am Barbaratag, Kirschzweige und bringt sie in einen warmen Raum, damit sie am Weihnachtstag erblühen. Das Blütenwunder soll Fruchtbarkeit in Form von reichem Obstsegen und Glück im kommenden Jahr bringen. Unverheirateten Mädchen verheißt der Blütensegen einen Bräutigam.

Im Kirschbaum manifestieren sich die archetypischen Prinzipien von Mond (Fruchtbarkeit) und Venus (Liebe). In einer Liebesräucherung fördert der zarte, liebliche Duft von Kirschblüten das Gedeihen und Wachsen der Liebe.

Weide

Die naturverbundenen Kelten sahen in der Weide einen weiblichen Baum, der vom Mond mit seinen nährenden, fruchtbaren Kräften beherrscht wird. Sie war der jungen Frühlingsgöttin, der Botin der keimenden Kräfte, geweiht. Zu Frühlingsbeginn, wenn die blühenden Weidenkätzchen ihre samtigen Körper der Sonne entgegenstrecken, feierten die Kelten ein Fest, um das Wiedererwachen der Natur zu begrüßen. Sie steckten Weidenzweige in die Felder, um die Fruchtbarkeit der nährenden Erde zu fördern. In einem rituellen Osterbrauch versetzen die Burschen den Mädchen mit Weidenzweigen leichte Schläge, um ihre Fruchtbarkeit anzuregen.

Auf den Spuren dieser archaischen Pflanzenmagie lassen sich aus dem Reigen der fruchtbarkeitsspendenden Hölzer viele als Schmuckzweige in Girlanden, Torbogen oder Gebinde des Hochzeitsschmuckes verwenden. Sie verleihen dem Fest nicht nur eine lebendige Ausstrahlung, sondern auch den Zauber uralten magischen Pflanzenwissens.

Hochzeitsbräuche

Viele der heute noch zelebrierten Hochzeitsbräuche haben ihren Ursprung in archaischen Fruchtbarkeitsritualen, die das Brautpaar segnen sollten. Manche sind bereits vergessen, andere werden regional unterschiedlich noch gerne mit einem Hauch von Nostalgie zelebriert. Einige Hochzeitsbräuche, die heute sehr beliebt sind, entstammen anderen Kulturkreisen.

Blechdosen am Auto des Brautpaares

Aus den USA kommend, hat sich der Brauch etabliert, Blechdosen an das Auto des Brautpaares zu binden. Hinter dem Scheppern und Klappern der Dosen steht der Wunsch, das Brautpaar möge seinen Weg ins Eheleben ungestört von böswilligen Einflüssen beginnen. Wie beim Böllerschießen und beim Hupkonzert liegt auch bei dieser Art des Lärmmachens die Wurzel im uralten Brauch des Vertreibens unheilbringender Geistwesen.

Blumen streuen

Üblicherweise streuen Blumenmädchen oder Kranzldirndln Blüten auf den Weg des Brautpaares. Heute werden natürlich auch blumenstreuende Knaben in diese Aufgabe eingebunden.

Die farbenfrohen Blüten dienen nicht nur der hübschen Optik, sondern sind ein uralter Fruchtbarkeitsbrauch. Die Verbindung des Paares soll blühen und gedeihen.

Die griechische Mythologie überliefert, dass das Hochzeitsbett von Hera und Zeus mit den tiefblauen, duftenden Blüten der Hyazinthe bestreut war. Daneben sorgten Krokus und Veilchen dafür, das göttliche Paar in eine erotische Stimmung zu versetzen. Das zauberhafte Veilchen war der „veilchenhaarigen" Liebesgöttin Aphrodite geweiht. Die Hetären Roms saßen bei Festgelagen auf Kissen, die mit Safrankrokus, dem Duft der Begierde, gefüllt waren. Rosenblüten, die man der Braut auf den Weg und ins Ehebett streut, dürfen bei einer sinnenfrohen Hochzeit keinesfalls fehlen. Rote Rosen werden seit Jahrhunderten als Aphrodisiakum in Form von Duft und Liebestränken verwendet. Je nach Jahreszeit bieten sich auch Pfingstrosenblüten als Streublumen an. In China war diese Blume unserer Bauerngärten nicht nur ein kostbarer Bestandteil von Ehekontrakten, sondern überdies als Sinnbild für die weibliche Vulva erotisch aufgeladen. Eine sehr alte Tradition bedingt, dass man dem Brautpaar Mädesüß auf den Weg streut. Der feine Duft begleitet rituell von alters her den Übergang in eine neue Lebensphase.

Böllerschießen und Hochzeitsfeuerwerk

Den Abend vor der Hochzeit verbringen Braut und Bräutigam traditionell getrennt bei ihren jeweiligen Familien. Früh am Morgen des Hochzeitstages werden sie nach altem Brauch von Böllerschüssen und Gewehrsalven aus dem Bett geholt. In diesem lautstarken Aufweckritual schlummert ebenso wie im Hochzeitsfeuerwerk ein alter heidnischer Brauch, denn weit in vorchristliche Zeit zurück wurden Dämonen und übelwollende Geister mit Lärm vertrieben. Die Peitschen und Rasseln unserer heidnischen Ahnen wurden nach der Christianisierung in den Silvesterbräuchen durch Kirchenglocken ersetzt. Mit dem Gebrauch von Feuerwerk erweiterte sich dieses Arsenal im Hochzeits- und Silvesterbrauchtum auf Böller und Schusswaffen, um den Dämonen Angst und Schrecken einzujagen. Aufgrund der vielen schweren Verletzungen, die das Böllerschießen mit sich brachte, verzichtet man heute vielfach auf diesen alten Hochzeitsbrauch.

Brautjungfer

Die Tradition der Brautjungfer lässt sich einige Jahrhunderte zurückverfolgen. In Zeiten, in denen der Aberglaube ein selbstverständlicher Bestandteil des täglichen Lebens war, dienten sie, ähnlich gekleidet wie die Braut, zur Ablenkung destruktiver Geistwesen, die der Braut möglicherweise hätten schaden können.
Heute obliegt es den Brautjungfern, die aus dem Kreis unverheirateter Freundinnen und Verwandten der Braut gewählt werden, die Braut an ihrem Hochzeitstag zu unterstützen. Der wichtigsten Brautjungfer, der Trauzeugin, fallen bereits vor dem Hochzeitstag viele organisatorische Aufgaben zu. Am Hochzeitstag selbst helfen die Brautjungfern der Braut beim Ankleiden, sie tragen die Schleppe, halten den Brautstrauß, wenn notwendig, und helfen beim reibungslosen Ablauf des Tages.

Brautkleid

Die Braut „ganz in Weiß" berührt als Sinnbild mädchenhafter Unschuld das Herz aller Romantiker. Was uns heute als selbstverständliche Ausstattung der Braut erscheint, ist allerdings erst seit den 20er-Jahren des vorigen Jahrhunderts allgemein üblich. Davor konnte sich der überwiegende Teil der Bräute kein kostspieliges Kleid, eigens für diesen Tag, leisten. Meist wurde im Sonntagsstaat oder in regionaler Tracht geheiratet. Nach wie vor sind heute in Gegenden mit starken Wurzeln der Volkskultur Trachtenhochzeiten üblich. Immer mehr Bräute ent-

scheiden sich auch, einem modischen Trend folgend, für ein champagnerfarbenes Brautkleid.
Königin Viktoria von England trat 1840 mit ihrem geliebten Prinz Albert in einem weißen Brautkleid vor den Altar und setzte damit einen Trend in Bewegung. Die nostalgische Romantik des viktorianischen Zeitalters, in der die Blumensprache für das Überbringen von Liebesbotschaften so beliebt war, schuf den passenden Rahmen für die Braut in Weiß als Symbol der Unberührtheit und Reinheit.
Ausgesucht wird das Brautkleid gemeinsam mit der Brautmutter und Freundinnen. Keinesfalls darf der Bräutigam das Brautkleid vor der Hochzeit sehen, denn das soll Unglück bringen.

Brautkranz

Der Blütenkranz der jungen Maikönigin, die stellvertretend für die Göttin unter dem Vollmond im Mai Hochzeit feiert, wich in den nachfolgenden Jahrhunderten dem Myrtenkranz als Symbol mädchenhafter Unschuld. Heute wird ein eventueller Brautkranz dem Brautstrauß angeglichen und erfüllt die farblichen Anforderungen als Ergänzung zum Brautkleid.

Brautmutter

Ihr fällt die Aufgabe zu, der Braut an ihrem Hochzeitstag beim Ankleiden behilflich zu sein. Diese Mutter-Tochter-Momente gehören mit zu den schönsten im Leben. Vor allem, wenn die Nerven vor dem Gang zum Altar blank liegen, obliegt es der Mutter, wieder Ruhe und Stabilität in das emotionale Auf und Ab zu bringen.

Brautschleier

Bereits im antiken Rom trug die Braut an ihrem Hochzeitstag zur Tunika einen Schleier, der allerdings nicht weiß war, sondern in Anlehnung an das Herdfeuer, mit dem sie in die neue Familie trat, in Gelb- bis Rottönen getragen wurde.

Im Judentum und ab dem 4. Jahrhundert im Christentum trug die Braut als Gegensatz zum offenen, unverhüllten Haar ihrer Mädchenzeit einen Schleier, den der Bräutigam bei der Hochzeit lüftete. Die Göttin Inanna, die man in Mesopotamien verehrte, trug den Namen „die Verschleierte". Das Geheimnisvolle, Mystische, die Magie des Weiblichen verbirgt sich hinter dem Schleier. Der Ehemann hat das Recht, den Schleier der Braut zu heben und den Zauber ihrer Weiblichkeit zu entdecken. Der weiße Schleier spricht symbolisch von der sexuellen Unberührtheit der Braut. Traditionsgemäß legt die Braut den Schleier um Mitternacht ab, denn nun ist sie nicht mehr Braut, sondern Ehefrau.

Brautschuhe

In manchen Gegenden ist es immer noch üblich, dass die Braut ihre Schuhe selbst erwirbt und mit Centstücken bezahlt. Früher war es üblich und notwendig, dass junge Mädchen über einen langen Zeitraum hinweg für ihre Brautschuhe sparten. Es wurde buchstäblich Pfennig für Pfennig weggelegt, bis die erforderliche Summe erspart war. Auf jeden Fall sollte die Braut ihre zum Hochzeitskleid passenden Schuhe unbedingt selbst bezahlen, alles andere würde Unglück bringen.

Brautstrauß werfen

Mit dem Werfen des Brautstraußes wird die nächste Braut ermittelt. Gegen Ende des Festes stellen sich alle Damen im „Wurfabstand" hinter der Braut auf. Diese wirft den Brautstrauß, ohne zu wissen, welche der Damen sich wo hinter ihr positioniert hat, schwungvoll über ihre Schulter. Diejenige, die den Brautstrauß fängt, soll die nächste Braut sein. Um den Brautstrauß als Erinnerung an den Hochzeitstag nicht zu verlieren, wird für den Wurfstrauß meist ein Duplikat angefertigt.

Brauttanz

In manchen Gegenden hat die Tradition des Brauttanzes überlebt. Alle männlichen Hochzeitsgäste absolvieren einen Tanz mit der Braut und werfen dafür einen Geldbetrag in ein bereitgestelltes Körbchen. Damit unterstützte man das junge Paar bei der Errichtung des gemeinsamen Haushaltes.

Brautvater

Der Vater begleitet seine Tochter vom Elternhaus zur Kirche. An seinem Arm erfolgt der Gang zum Altar, wo der Vater die Hand der Braut in die des Bräutigams legt und sie damit symbolisch unter seinen Schutz stellt. Dieser Brauch entspringt der germanischen Tradition der Brautübergabe, in der die junge Frau mit der Heirat von der Vormundschaft des Vaters übergangslos unter die Vormundschaft des Ehemannes gestellt wurde. Heute ist das ein sehr inniger, emotionaler Moment, der einen Abschied vom Elternhaus und den Beginn eines neuen Lebensabschnittes für die Frau symbolisiert. Traditionsgemäß hält der Brautvater die erste Rede an der Hochzeitstafel. Anschließend an den Hochzeitstanz von Braut und Bräutigam, tanzt der Brautvater mit der Braut.

Brot und Salz

„Brot und Salz, Gott erhalt's“

Das Überreichen von Brot und Salz zur Hochzeit zählt zu den sehr alten Bräuchen. Mit dem Grundnahrungsmittel Brot wünscht man dem jungen Paar Wohlstand und finanzielle Sicherheit. Salz war einst überaus kostbar. Es soll die Bedeutung der Ehe als kostbares, dauerhaftes Bündnis zweier Menschen ins Licht rücken.

Das Hupkonzert des Hochzeitskonvois

Das Hupkonzert des Hochzeitskonvois dient sicherlich der Absicht, Aufmerksamkeit auf das Fest zu lenken. Das Vertreiben böswilliger Geister aus dem Umfeld des glücklichen Paares findet sich jedoch als Wurzel auch in dieser modernisierten Handhabung des Lärmens.

Die Braut steht links vom Bräutigam

Es schlummert doch ein Ritter in jedem Bräutigam. In den kriegerischen Zeiten des Rittertums war es notwendig, dass der Bräutigam sein Schwert, das er rechts trug, bei Bedarf jederzeit ungehindert zum Schutz der Braut ziehen konnte.

Eheringe

Der Kreisform des Ringes liegt die uralte Symbolik von Anfang ohne Ende/Ewigkeit, Beständigkeit und vor allem Schutz zugrunde. Der Brauch, einen Kreis als magischen Schutz gegen destruktive Einflüsse um einen Ritualplatz zu ziehen, ist uralt. Die Mythologie erzählt von magischen Wunschringen und Ringen der Macht. Draupnir, der zauberkräftige Ring des nordischen Gottes Odin, hatte die wundersame Fähigkeit der Vermehrung aus sich selbst. In jeder neunten Nacht tröp-

felten aus ihm acht gleichgestaltete Ringe, die Odin den Herrschern und Helden der neun Ebenen der Weltenesche zum Geschenk machte, damit sie für ihn herrschten. In vielen Märchen und Sagen spielen verwunschene Ringe eine Schlüsselrolle. Sie sind Sinnbild für Liebe und Treue, die bis in den Tod währt, Zeichen der Macht und Träger magischer Kräfte. All diese Symbolik fließt mit ein, wenn Braut und Bräutigam Ringe tauschen. Sie sind das äußere Zeichen für die Liebe und Treue, die diese beiden Menschen einander versprechen. Sie drücken den magischen Schutz aus, den beide um ihr heiliges Bündnis ziehen möchten. Sie sprechen vom Zauber der Liebe füreinander, die beide dazu veranlasst, ihr Herz und ihre Verletzlichkeit in die Hände des anderen zu legen. Der magische Ring jedoch erfordert in allen mythischen Überlieferungen Weisheit, Selbstlosigkeit und Verantwortungsbewusstsein, um über seine Kräfte zu gebieten. Eben dies versprechen sich die Liebenden im Umgang miteinander auch, wenn sie sich gegenseitig die Ringe anstecken, um ihre Liebe stark zu erhalten.

Glücksmünze im Brautschuh

Um dem Ehepaar Wohlstand zu bescheren, legt die Braut eine Glücksmünze in ihren rechten Schuh.

Hochzeitsbaum

Als Sinnbild der wachsenden, sich mit den Jahren vertiefenden Liebe setzen Paare gerne einen Hochzeitsbaum. In seinem Schatten kann man ausruhen und Kraft sammeln, wenn das Alltägliche die Liebe zu verschütten droht. In ihrer jeweiligen, besonderen Symbolik sind Bäume eine wunderschöne Erinnerung an den Hochzeitstag, an dem die Welt in strahlendes Licht und Jubel getaucht war.

Hochzeitslader

Im Brauchtum ländlicher Regionen wird ein wortgewandter Hochzeitslader bestimmt. Mit einem reich geschmückten Ladstecken und einem flotten Spruch zieht er von Tür zu Tür, um die Hausbewohner zum Hochzeitsfest einzuladen.

Bunte Bänder am Stock sprechen von den Erwartungen und Träumen der Braut. Mit einem roten Band wünscht sie sich Liebe für die Ehe, ein blaues Band symbolisiert die Treue zueinander, ein grünes Band spricht von der Hoffnung auf einen glücklichen Ehestand und ein weißes von der Unschuld der Braut. Ein Rosmarinzweig muss natürlich auch an den Stock. Gerade bei Bauernhochzeiten bedurfte es bei einigen Hundert Gästen, die man zur Hochzeit bitten wollte, geraume

Zeit, bis alle eingeladen waren. Abgesehen vom Zeitaufwand, den der Gang von Tür zu Tür erforderte, war es auch die alkoholreiche Bewirtung des Hochzeitladers, die die Zahl der Einladungen pro Tag limitierte.
Dem Hochzeitslader obliegt auch die wichtige Aufgabe des Zeremonienmeisters, der den Hochzeitszug entsprechend formiert und den organisatorischen Ablauf des Festes überwacht.

Hochzeitstanz

Der erste gemeinsame Tanz ins Eheleben ist einer der Höhepunkte der Hochzeitsfeier. Üblicherweise wird ein Walzer getanzt. Anschließend führt der Brautvater seine frisch verheiratete Tochter aufs Parkett und der Bräutigam bittet seine Schwiegermutter um diesen Tanz. Erst danach darf der Rest der Hochzeitsgesellschaft sich am Tanzgeschehen beteiligen.

Hochzeitstorte

Sie sollte auf jeden Fall mehrstöckig sein. Die üppig verzierte Torte gibt es in dieser Form erst seit dem 19. Jahrhundert. Sie fand, aus angelsächsischer Tradition kommend, Eingang in unsere Hochzeitsfeierlichkeiten. Der reiche Zuckerguss ist dem kalorienbewussten Geschmack entsprechend leichteren Varianten mit Frucht- und Schokoladencremefüllungen gewichen.
Blumen, Ringe, Girlanden und das obligate Hochzeitspaar dürfen natürlich nach wie vor auf einer Hochzeitstorte nicht fehlen.
Spannend wird es, wenn die Torte vom Brautpaar angeschnitten wird. Derjenige, dessen Hand beim Anschneiden obenauf liegt, soll der Überlieferung nach in der Ehe das Sagen haben.

Morgengabe

Die Morgengabe, jenes Geschenk, das der Ehemann seiner Frau am Morgen nach der Hochzeitsnacht überreicht, findet sich bereits im germanischen Recht. Noch im Mittelalter stellte diese Zuwendung, über die die Ehefrau unabhängig und allein verfügen konnte, einen wichtigen Teil des Hochzeitsrituals dar. Die Morgengabe galt einerseits als Ausdruck der Freude über die Hochzeitsnacht, in der die Braut ihrem Ehemann das Geschenk ihrer Jungfräulichkeit macht, andererseits als finanzielle Absicherung der Ehefrau.

Heute wird die Morgengabe als Ausdruck der Liebe und als Erinnerung an den Hochzeitstag vom Ehemann am Hochzeitstag oder am Morgen nach der Hochzeitsnacht seiner Braut überreicht.

Als Teil der Hochzeitsriten der islamischen Kultur spielt die Morgengabe aus Geld- und Sachwerten als finanzielle Absicherung der Frau immer noch eine größere Rolle als anderswo.

Polterabend

„Scherben bringen Glück“ ist das Motto jedes gelungenen Polterabends, der im Übrigen von Braut und Bräutigam gemeinsam gefeiert wird. Daneben hat sich der Junggesellen/-gesellinnenabschied oder der Junggesellen/-gesellinnenabend etabliert, den das Paar getrennt, jeweils mit Freunden oder Freundinnen, verbringt. Eifrig wird Porzellan zerschlagen, damit Glück und Segen auf dem Paar ruhen. Keinesfalls dürfen es Glasscherben sein, denn diese bringen Unglück. Die tönernen Scherben des Polterabends werden von Braut und Bräutigam gemeinsam zusammengekehrt und aus der Stube befördert. Hinter dem Lärm steckt das Vertreiben böser Geister, die man mit dem „Hexenbesen“ aus der Stube kehrt. Ein ähnlicher Brauch hat in den Perchtenumzügen der Raunächte überdauert. Die Hexen im Perchtenumzug fegen mit ihren kultischen Besen aus Birkenreisig das Böse in den Stuben zusammen, verbrennen es und machen damit Platz für das Gute.

Reis werfen

Das Bewerfen des Brautpaares mit Reis, sobald es aus dem Standesamt oder der Kirche tritt, ist ein Fruchtbarkeitsbrauch aus dem asiatischen Kulturraum. Der heimischen Tradition folgend wurden früher Nüsse und Wacholder gestreut. In vorchristlicher Zeit war es die Haselnuss, die den Lebenden Fruchtbarkeit spendet und den Toten als Wegzehrung mitgegeben wurde. Der Nikolaus trägt diese Gabe der Fruchtbarkeit und der Leidenschaft als christlicher Nachfolger des keltischen Wachstumsgottes Cernunnos in seinem Gabensack. Für das Brautpaar bringt die (Hasel-)Nuss den Segen der Fruchtbarkeit. Der Wacholder, den man gemeinsam mit den Nüssen verwendete, um das Brautpaar damit zu bewerfen, versinnbildlicht den Schutz, unter den man das junge Paar stellte. Seit jeher war es Brauch, den Wacholder als Schutz- und Wächterbaum zu jedem Gehöft zu setzen, damit er unheilbringende Geistwesen abwehrt.

Auch im antiken Rom bewarf man das Brautpaar mit fruchtbarkeitsspendenden Nüssen. In Griechenland gesellten sich zu den Nüssen noch Feigen und Datteln. Die Dattel trägt die Symbolik von Tod und Erneuerung in sich. Das alte Leben endet am Hochzeitstag, um einem neuen Lebensabschnitt Platz zu machen.

Da es vielen zutiefst widerstrebt, Lebensmittel auf diese Weise zu gebrauchen, wird Reis heute oft durch Seifenblasen ersetzt. Immer häufiger lässt man auch Luftballons in den Himmel steigen, die die Wünsche und Träume des Brautpaares mit der Bitte um Erfüllung in den Kosmos tragen.

Schleiertanz

Die alte Tradition des Schleiertanzes ist immer noch sehr beliebt. Um Mitternacht, wenn der neue Lebensabschnitt als Ehefrau beginnt, tanzt entweder das Brautpaar gemeinsam oder die Braut allein den Schleiertanz. Die unverheirateten weiblichen Festgäste versuchen nun, ein Stück des Schleiers abzureißen. Diejenige, die das größte Stück des Brautschleiers ergattert, soll die nächste Braut sein. Moderne Bräute denken praktisch und wollen ihren exquisiten Schleier keinesfalls in Stücke gerissen sehen. Daher wird bei vielen Hochzeiten, die den alten Schleiertanzbrauch integrieren möchten, anstelle des Brautschleiers ein großes Stück Tüll als Tanzschleier verwendet.

Something old, something new, something borrowed and something blue

Dieser Brauch entstammt dem angelsächsischen Raum. Er ist uns derart ans Herz gewachsen, dass fast jede Braut versucht, diese glücksbringenden Vorgaben zu erfüllen.

Something old steht für die Herkunft der Braut, ihr altes Leben, das nun in ihr Leben als Ehefrau einfließt. Ein Schmuckstück der Mutter oder Urgroßmutter, das der Braut an ihrem Hochzeitstag geschenkt wird, steht symbolisch für ihre Wurzeln und die Traditionen, die sie fortführt.

Unter something new versteht man üblicherweise das Brautkleid. Das Neue steht symbolisch für den neuen Lebensabschnitt, der für die Braut beginnt.

Something borrowed, etwas Geborgtes in Form eines Haarschmucks, der Brauthandschuhe oder des Schleiers, soll Glück bringen.

Something blue kann als blaue Blume, blaue Ohrringe, Armband mit blauen Steinen, erotische Unterwäsche oder blaues Strumpfband das Brautoutfit ergänzen. Blau ist die Farbe der Treue, mit der die Verbindung des Paares gesegnet sein soll.

Spalier stehen

Der erste gemeinsame Weg des Brautpaares wird von einem Spalier, gebildet aus den Freunden und Gästen des Paares, bchütct. Mit dem Spalier erweist man dem Brautpaar einerseits Respekt und andererseits einen von Freunden geschützten Gang ins Eheleben.

Strumpfband werfen

Damit wird der nächste Bräutigam ermittelt. Der Bräutigam wirft ein Strumpfband der Braut in die Gruppe der hinter ihm stehenden Junggesellen. Derjenige, der das Strumpfband fängt, soll der nächste Bräutigam sein.

Thors Hammer

Der ungezähmte germanische Gott Thor war der erstgeborene Sohn des Göttervaters Odin und der Riesin Jörd. Der Beschützer Asgards, der Wohnstatt der Götter und Midgards, der Welt der Menschen, beherrschte die gewaltigen Kräfte von Donner und Blitz. Wenn er seinen von Ziegenböcken gezogenen Wagen durch die ungezügelte Sturmgewalt lenkt, lässt er aus seinem Hammer Mjöllnir Blitze auf die Erde regnen und entfesselt die Elemente. Der Donnerer Thor befruchtet jedoch als Vegetationsgott der bäuerlichen Völker des Nordens auch die Felder mit lebensspendendem Regen. Im Herrn der Widderböcke klingt Cernunnos, der Gehörnte, der winterliche Gefährte der Erdgöttin und Fruchtbarkeitsgott, nach. Die fruchtbarkeitspendende Kraft Thors tritt in alten Hochzeitsriten zutage, wenn der Braut ein Hammer in den Schoß gelegt wird, um Kindersegen zu gewährleisten.

Über die Schwelle tragen

Romantik und Aberglaube reichen sich in diesem Brauch aus der germanischen Tradition die Hand zum Bund. Das Überschreiten der Schwelle versinnbildlicht den ersten Schritt in ein neues Leben und ein gemeinsames Heim. Unter der Schwelle konnten jedoch auch übelwollende Geistwesen lauern, mit denen die Braut nicht in Berührung kommen sollte. Oftmals waren auf/unter Türschwellen zur Abwehr destruktiver Energie Schutzzeichen in Form von Runen angebracht.

Unter die Haube kommen

Offenes Haar, als Vorrecht unverheirateter Frauen, lässt sich in unserem Kulturraum bis in germanische Traditionen zurückverfolgen. „Unter die Haube“ kamen Frauen am Tag der Eheschließung. Der Status einer verheirateten Frau erforderte eine Kopfbedeckung. Im antiken Rom trugen Frauen als äußeres Zeichen ihres Ehestandes einen Schleier oder anderen Kopfschmuck, um das Haar zu verhüllen. Bis ins Mittelalter und darüber hinaus trugen verheiratete Frauen ihr Haar unter einer Haube, um Sitte und Anstand Genüge zu tun.

Sweet Love

Hochzeit: Ein Ritual in Variationen

Hochzeiten werden weltweit, entsprechend dem Kulturkreis und der religiösen Ausrichtung, mit den damit verbundenen Gepflogenheiten gefeiert. Viele junge Brautpaare möchten jedoch den „schönsten Tag im Leben“ auf ganz persönliche Weise als Ausdruck ihrer Liebe zueinander feiern. Dem Ritual der Hochzeit liegt die Zusammenführung zweier Familien ebenso zugrunde wie der rituelle Übertritt des Brautpaares in ein Bündnis, das durch das Eheversprechen gekennzeichnet ist.
Für die Atmosphäre einer solchen ganz individuell gestalteten Hochzeit ist zunächst einmal die Wahl des Ortes ausschlaggebend. Die Verbundenheit mit unseren archaischen Wurzeln bezeugen Hochzeitsorte wie Waldlichtungen, alte heilige Kultplätze, Steinkreise oder ein Ritual unter dem Blätterdach einer mächtigen alten Linde.
Ein romantisches Flair vermitteln Burgen, Schlösser oder der heimische Garten. Ein exotisches Ambiente erfordert eine Reise zum bevorzugten Traumziel. Eine solche Feier wird naturgemäß im kleinen Kreis stattfinden. Die Kleidung wird dem Stil der Hochzeit entsprechen. Vom romantischen weißen Brautkleid und dem eleganten Anzug einer Hochzeit auf dem Schloss, der Trachtenhochzeit bis zur „Flower Power“-Ausrichtung einer Hochzeit am Strand ist alles denkbar.

Eine „heidnische Hochzeit"

Sie kann mit dem zeitlosen Ritual des Handfasting zelebriert werden. Im Rahmen einer solchen Hochzeit können nachstehende Anregungen umgesetzt werden:

- ✧ Das Haar der Braut ist offen und mit einem Kranz aus Blumen geschmückt.
- ✧ Der Brautstrauß wird aus alten, glücksverheißenden Pflanzen, wie im Abschnitt „Pflanzenzauber im Brautstrauß" beschrieben, gebunden.
- ✧ Die Lebensrute wird in die Dekoration eingebunden, indem z. B. der Altarplatz mit Birkenzweigen geschmückt wird.
- ✧ Ein Schutzkreis wird mit Wacholderzweigen oder Blüten um den Altarplatz gezogen.
- ✧ Die Wahl des Ritualleiters wird vom Brautpaar getroffen.
- ✧ Der Trauungsplatz wird durch ein Räucherritual als Vorbereitung zur Zeremonie gesegnet.
  Dafür bieten sich folgende Pflanzen an:
  Beifuß: Reinigung und Schutz
  Wacholder: Schutz und Verbindung zu den Ahnen beider Familien
  Fichtenharz: Reinigung und Frieden
  Wer möchte, kann auch Kräuter aus dem Garten beider Familien hinzufügen. Die vermengten Kräuter werden auf der Glut von Fichtenholz, die in einem Tongefäß liegt, dessen Boden mit Sand bedeckt wurde, verräuchert.
  Der Rauch wird mithilfe einer Feder oder eines Fächers auf dem Trauplatz verteilt und dabei um Schutz und Segen für das Ritual gebeten.
- ✧ Die Kleidung wird dem Stil einer Naturhochzeit angepasst.
- ✧ Den Ahnen wird symbolisch ein Platz im Ritual eingeräumt, um

ihren Segen zu erbitten. Das kann z. B. eine Räucherschale sein, auf der Holunderholz und -blüten vom Sippenbaum verglimmen. Daneben steht eine Kerze oder Laterne als Licht für die Ahnen.

- ✧ Braut und Bräutigam schreiben ihr Eheversprechen selbst, da sie keinem vorgefertigten religiösen Ablauf folgen.
- ✧ Die Elemente werden in das Ritual eingebunden:

Feuer: symbolisiert Begeisterung und Leidenschaft. Das Feuer der Liebe möge nie verlöschen. Feuer segnet seit jeher den Bund der Ehe. Dieses Element kann durch rote Kerzen eingebunden werden.

Wasser: symbolisiert Fruchtbarkeit und Gefühle. Die Verbindung möge mit Fruchtbarkeit gesegnet sein. Dieses Element kann durch eine Schale mit Wasser aus einer heiligen Quelle eingebunden werden. In das Wasser legt man einen Rosenquarz oder Rhodochrosit und streut Rosenblüten als Zeichen für die Liebe, die blühen und gedeihen soll, hinein.

Luft: symbolisiert Kommunikation und Flexibilität. Mann und Frau mögen immer in offenen Gesprächen füreinander in liebevoller Toleranz da sein. Dieses Element kann durch ein Räucherstövchen, auf dem Weihrauch als männliches Element, Myrrhe als weibliches Element und Rosenblüten für die Liebe, die beide verbindet, verglimmen, eingebunden werden.

Erde: symbolisiert das Fundament, auf dem das Brautpaar in der jeweiligen Familie gewachsen ist. Dieses Element kann durch einen Rosenstock oder ein Orangenbäumchen oder Holunderzweige eingebunden werden.

- ✧ Ein Kreistanz kann als Sinnbild der Gemeinschaft, deren Teil das Paar ist, getanzt werden.
- ✧ Die Braut wird dem Bräutigam vom Brautvater übergeben.
- ✧ Beide Familien werden miteinander rituell verwoben, indem z. B. die Mütter von Braut und Bräutigam dem Brautpaar Brot und

Salz gemeinsam überreichen. Der gleichen Absicht entspricht ein Ritual, in dem zur Erinnerung an diesen Tag die Eltern von Braut und Bräutigam zusammen mit dem Brautpaar einen Baum pflanzen, an dessen Wurzeln Symbole für die jeweilige Familie und die zukünftige gemeinsame Familie des Brautpaares vergraben werden. Die Aufnahme von Braut und Bräutigam in die jeweilig andere Familie kann ebenfalls mit einem Ritual erfolgen. Der Vater und die Mutter des Bräutigams begrüßen die Braut nach der Trauung mit einem Kuss auf die Stirn als Tochter in ihrer Familie und überreichen ihr dabei ein Geschenk, das symbolisch für ihre Familie steht. Der Vater und die Mutter der Braut vollziehen dasselbe Ritual mit dem Bräutigam, um ihn als Sohn in der Familie zu begrüßen.

✧ Beim eigentlichen Handfasting wird die Hand des Paares, wie bereits beschrieben, mit einem Band umschlungen – entweder rot für die Liebe, blau für die Treue oder weiß für die Reinheit des Bundes. Anschließend spricht zuerst der Bräutigam und danach die Braut ihr selbst verfasstes Eheversprechen und bekundet damit vor Zeugen ihren freien Willen zur Ehe.

✧ Als Hochzeitstag wird ein Freitag, der Tag der nordischen Liebesgöttin Freya, gewählt, um die Ehe zu segnen.

✧ Das Brautpaar wird nach vollzogener Trauung von allen Festteilnehmern mit einem Haselnusszweig, der mit roten Bändern geschmückt ist, gesegnet. Die Haselnuss zählt, wie bereits beschrieben, zu jenen Hölzern, mit deren Berührung Fruchtbarkeit übertragen werden sollte. Die roten Bänder stehen symbolisch für die Kraft der „Roten Göttin", zu der die weiße jungfräuliche Göttin in den Mairiten transformiert. Nacheinander berühren die Festgäste Braut und Bräutigam mit dem Haselzweig und sprechen dabei einen Segen für das Brautpaar.

Räucherritual: Liebe und Sinnlichkeit zelebrieren

Da eine Ehe immer nur so stark ist wie die beiden Menschen, die bereit sind dafür zu kämpfen, ist das Arsenal erotisierender Düfte besonders willkommen, um das Alltägliche als Feind der Romantik beiseitezuschieben.

Seit Urzeiten wird die Sinnlichkeit subtil und offensichtlich vom ältesten unserer Sinne, dem Geruchssinn, gesteuert. Da Duft auf die instinktiven Zentren im Gehirn wirkt, stimuliert er viele Urtriebe in uns. Er erweckt unsere instinkt- und triebgesteuerte Seite, steigert die Wahrnehmungsfähigkeit und intensiviert die Gefühle. Mit einem Wort öffnet Pflanzenmagie Liebe und Erotik Tür und Tor. Kleopatra, die legendäre Königin Ägyptens, war der Überlieferung nach weniger umwerfend schön, als eine Meisterin der Verführungskunst. Mit der erotischen Macht ausgesuchter Düfte zog sie ihre Liebhaber in ihren Bann. Steckt nicht in jeder Frau eine begehrenswerte, sinnliche Kleopatra, der es Freude macht, eine erotische Atmosphäre für eine magische Liebesnacht zu schaffen? Zu Kleopatras Lieblingsdüften zählten übrigens Kardamom, Jasmin, Myrrhe, Rosenblüten und Weihrauch. Letztgenanntem duftenden Harz sagt man seit alters her aphrodisierende Kräfte nach. Frauen im antiken Ägypten verwendeten Weihrauch zum Beräuchern der Vulva vor dem Akt und zur Unterstützung der Empfängnisbereitschaft. Diese Tradition ist heute noch im südarabischen Raum lebendig. In der Türkei kaut man Weihrauchtränen als Liebesmittel. Myrrhe war ebenfalls ein kostbares und beliebtes Aphrodisiakum, das vor allem Frauen stimulieren soll. Hebräische Bräute beräucherten sich lange vor der Hochzeit häufig mit Myrrhe, um die eigene Liebesfähigkeit zu steigern und für ihren Bräutigam sinnlich anziehend zu sein.

Wenn Sie also mit Ihrem Partner eine sinnliche Nacht zelebrieren möchten, können Sie Ihre Sinne mit einer Auswahl aus folgenden

Kräutern stimulieren: Benzoe Siam, Damiana, Jasminblüten, Kakaoschale, Kardamom, Labdanum, Myrrhe, Patchouli, Rosenblüten, Styrax, Weihrauch und Weißes Sandelholz. Verräuchern Sie die ausgewählten Pflanzenstoffe gut vermischt auf dem feinmaschigen Sieb eines Räucherstövchens. Diese sanfte Art der Verglimmung von Kräutern und Harzen gewährleistet einen lange anhaltenden Duft, der in diesem Fall die Sinne beflügelt.

Hochzeitsräucherung

Um dem Hochzeitsbett ein romantisches Flair zu verleihen, wird es mit Blüten, die im Abschnitt „Blumen streuen" angeführt wurden, bestreut. Zusätzlich verleiht der feine Duft folgender Räucherung dem Raum ein erotisches Ambiente:

Myrtenblätter	1 Teelöffel
Rosmarinblätter	1 Teelöffel
Rosenblüten	2 Teelöffel
Myrrhe	1/2 Teelöffel
Weihrauch	1/2 Teelöffel

Weihrauch und Myrrhe werden zerkleinert und mit den übrigen Pflanzen vermischt. Am Rand des Siebes eines Räucherstövchens platziert, dürfen sie nun langsam verglimmen. Der Duft wird mit einem Fächer oder einer Feder im Raum und um das Ehebett herum verteilt.

Fruchtbarkeitsrituale, um die Seele eines Kindes einzuladen

In uralten Zeiten sah man in den Kindern, die dem Paar geschenkt wurden, den Segen der allumfassenden Muttergöttin, die man in ganz Europa unter verschiedenen Namen kannte, ruhen. Natürlich war unseren Vorfahren bewusst, dass es der körperlichen Liebe zwischen Mann und Frau bedurfte, um dem Körper des Kindes Form zu geben. Die Seele jedoch kam aus anderen Dimensionen. Aus dem lichten Reich der Holle wandern die Seelen auf dem kosmischen Pfad der Milchstraße über die Reiche der Planetenkräfte, die man als die sieben Wandelsterne kannte, um sich mit ihren künftigen Eltern zu verbinden. Um die Seele eines Kindes einzuladen, bat man die Göttin um den Segen der Fruchtbarkeit.

Viele Paare machen die Erfahrung, dass sich ein Kinderwunsch nicht auf Knopfdruck verwirklichen lässt und alle medizinische Finesse manchmal unerklärt scheitert. Auf uralten Pfaden weiblichen Wissens wandelnd, entdeckt man Rituale, die den Wunsch nach Empfängnis um die Dimension des Anderweltlichen erweitern.

Ritual: Holles Segen

Wenn man um die Empfängnis eines Kindes bittet, kann es sehr tröstend und befreiend sein, mit der uralten weiblichen Energie der Göttin Holle in Verbindung zu treten und sich in der Symbolik dieses alten Rituals eins mit allen Frauen zu fühlen, die im Zwiegespräch mit Holle um das Geschenk eines Kindes baten.

Dieses Ritual wird nicht anstelle medizinischer Maßnahmen bei Kinderwunsch durchgeführt, sondern um die Seele eines Kindes in die Familie einzuladen.

- ✧ Stellen Sie eine kleine Opfergabe unter einen Holunder, der, wenn er nicht in der Nähe Ihres Hauses wächst, bei einem Spaziergang zu entdecken ist. Je abgeschiedener der Holunder wächst, den Sie als Ort Ihres Zwiegespräches mit Holle wählen, desto ungestörter verläuft Ihre Begegnung mit der Göttin. Als Opfergabe eignet sich Räucherwerk, das Sie als Gabe für die Göttin entzünden, aber auch eine kleine Schale mit Milch, Hirse, die in alten Hochzeitsbräuchen als Fruchtbarkeitspflanze galt, oder ein paar Tropfen Alkohol.
- ✧ Setzen Sie sich unter das Blätterdach des Holunders und lehnen Sie Ihren Rücken an den Stamm des Strauches.
- ✧ Legen Sie die Hände in Form einer Schale vor dem Herzen zusammen.
- ✧ Atmen Sie tief und ruhig. Spüren Sie, wie sich Ihre Bauchdecke sanft hebt und senkt.
- ✧ Entspannen Sie sich. Genießen Sie die Stille.
- ✧ Laden Sie die Göttin zu einem Zwiegespräch ein.
  Erzählen Sie Ihr von der Liebe, die Sie mit Ihrem Partner verbindet und von Ihrer Sehnsucht nach einem Kind, das Ihre Liebe noch leuchtender, reicher und tiefer macht.
- ✧ Bitten Sie um den Segen der Fruchtbarkeit, um Holles gütigen Rat und Inspirationen für das, worauf Sie Ihren Blick lenken sollten.
- ✧ Atmen Sie langsam, tief und ruhig. Konzentrieren Sie sich auf den Rhythmus Ihres Atems.
- ✧ Lassen Sie aufsteigende Gedanken ohne Anspannung kommen und gehen. Spüren Sie die Veränderung in Ihrer Umgebung.
- ✧ Fühlen Sie die Kraft in der Mitte Ihres Seins. Fühlen Sie die Wärme in Ihrem Wurzelchakra.
  Spüren Sie die strömende, pulsierende Kraft, die sich in Ihrem Wurzelchakra sammelt.

- ✧ Visualisieren Sie ein Kind, das Sie in Ihren Armen halten. Laden Sie die Seele des Kindes ein, in Ihre Familie zu kommen. Erzählen Sie dem Kind von Ihrem Wunsch, seine Mutter sein zu dürfen und sagen Sie ihm, wie sehr Sie es lieben.
- ✧ Hören Sie in sich hinein und lauschen Sie dem, was das Kind Ihnen mitteilt. Lauschen Sie dem Raunen Holles.
- ✧ Bleiben Sie so lange unter dem schützenden Blätterdach sitzen, wie es sich für Sie gut und richtig anfühlt.
- ✧ Bedanken Sie sich bei Holle und verabschieden Sie sich von ihr.
- ✧ Wenn Sie nach Hause zurückgekehrt sind, schreiben Sie Ihre Eindrücke auf ein Blatt Papier. Lesen Sie Ihre Aufzeichnungen in den folgenden Wochen immer wieder durch in dem Bewusstsein, dass die Entscheidung über Familienzuwachs nicht allein in Ihren Händen und denen Ihres Partners liegt, sondern vor allem auch in der Absicht einer Seele, die sich inkarnieren möchte.

Ritual: Holles Teich

Nach alter Überlieferung macht das Wasser aus Holles Seen, Brunnen und Quellen fruchtbar und beschenkt die Frauen mit dem ersehnten Kind.

Vorbereitung des Rituals:

- Schneiden Sie je ein weißes, ein rotes und ein schwarzes Band aus Stoff oder Wolle in gleicher Länge ab.
- Das weiße Band symbolisiert die Muttergöttin Holle in ihrer Erscheinungsform als „Weiße Göttin", die, mit den Kräften des Frühlings gewappnet, Wachstum bringt. In den liebestrunkenen Mainächten feiert sie Hochzeit mit dem Lichtgott, um die Erde mit ihrem Segen zu befruchten.

- Das rote Band steht für die „Rote Göttin“, die in den glutheißen Sommertagen die Ernte in ihrem Leib birgt.
- Das schwarze Band versinnbildlicht die „Schwarze Göttin“, die im Herbst alles Leben in den Schoß der Erde zurückzieht und den Toten in ihrem Reich eine Zeit des Ausruhens schenkt.
- Suchen Sie einen möglichst verschwiegenen Natursee auf, in dem Sie ungestört (nackt) baden können.

Durchführung des Rituals:

- ✧ Setzen Sie sich an das Ufer des Sees, wenn möglich zu einem Holunder, der fast überall wächst.
- ✧ Legen Sie die drei mitgebrachten Bänder vor sich hin.
- ✧ Atmen Sie tief und ruhig.
  Spüren Sie, wie sich Ihre Bauchdecke sanft hebt und senkt.
- ✧ Entspannen Sie sich.
  Genießen Sie die Stille und die Geräusche des Sees.
- ✧ Denken Sie an Ihren Liebsten und spüren Sie die Liebe, die wie ein lebendiges Band zwischen Ihnen beiden pulsiert.
- ✧ Atmen Sie tief und ruhig.
- ✧ Nehmen Sie das weiße Band in Ihre Hände. Visualisieren Sie, wie ein Wunsch, den Sie an die „Weiße Göttin“ und ihre Kraft der Erneuerung richten, in goldenen Buchstaben geschrieben in das Band fließt.
- ✧ Atmen Sie tief und ruhig. Fühlen Sie die Liebe, die Sie umgibt.
- ✧ Nehmen Sie das rote Band in Ihre Hände. Visualisieren Sie, wie ein Wunsch, den Sie an die „Rote Göttin“ und ihre fruchtbare, lebensspendende Kraft richten, in goldenen Buchstaben geschrieben ist, die in das rote Band fließen.
- ✧ Atmen Sie tief und ruhig.
  Fühlen Sie die Gegenwart einer uralten weiblichen Energie, die Sie mütterlich umgibt.

- ✧ Nehmen Sie das schwarze Band in Ihre Hände.
  Visualisieren Sie, wie ein Wunsch, den Sie an die „Schwarze Göttin“ und ihre Kraft als „Weise Alte“ richten, in goldenen Buchstaben geschrieben ist, die in das schwarze Band fließen.
- ✧ Bleiben Sie noch eine Weile entspannt und ruhig atmend sitzen. Fühlen Sie die liebevolle Kraft, die Sie umgibt.
- ✧ Nehmen Sie anschließend die drei Bänder, in die Sie Ihre Wünsche gewoben haben, und flechten Sie die Bänder zusammen.
- ✧ Hängen Sie Ihr Wunschband an die Zweige des Holunders, bei dem Sie gerade sitzen oder an die Zweige eines Holunderstrauches, dem Sie auf Ihrem nächsten Spaziergang begegnen.
- ✧ Machen Sie sich nun bereit für Ihr Bad im „Holleteich“.
- ✧ Genießen Sie das Wasser und visualisieren Sie es als Eingang in Holles lichtes Reich.
- ✧ Bitten Sie um den Segen der Fruchtbarkeit.
- ✧ Danken Sie Holle als Sinnbild einer uralten weiblichen Energie, die am Anfang jeder weiblichen Ahnenlinie steht.
- ✧ Gehen Sie begleitet von dieser Kraft nach Hause und schreiben Sie Ihre Eindrücke auf.
- ✧ Lesen Sie die Aufzeichnungen in den nächsten Wochen immer wieder durch und spüren Sie dabei Ihrer eigenen wunderbaren weiblichen Energie nach.

Ritual: Der Frauenkreis

Vorbereitung des Rituals:

- Laden Sie Ihre Freundinnen und weiblichen Verwandten, mit denen Sie dieses Ritual durchführen möchten, ein.
- Stellen Sie eine Schale mit Wasser aus einer heiligen Quelle oder einer Bergquelle bereit.
- Legen Sie einen Mondstein in die Schale und streuen Sie folgende Blüten, Kräuter und Harze dazu:

  Eisenkraut, Frauenmantel, Getreidekörner,
  Holunderblüten, Lindenblüten, Mistelblätter,
  Myrtenblätter, Myrrheharz, Rosenblüten
- Stellen Sie die Schüssel für 2 bis 3 Stunden in die Sonne, damit das Wasser die Informationen der Pflanzen und des Steines übernehmen kann.
- Setzen Sie sich mit den Teilnehmerinnen des Rituals in einen Kreis.

Durchführung des Rituals:

✧ Formen Sie die Hände in Höhe Ihres Nabels zu einer Schale.

✧ Nacheinander tritt nun jede der anwesenden Frauen mit der Wasser-Blüten-Steinschale vor Sie hin, taucht die Finger in die Schale und lässt einige Tropfen des Segenswassers in Ihre zur Schale geformten Hände tropfen.

✧ Dabei spricht sie: „Im Namen der Göttin segne ich dich mit Fruchtbarkeit.“ „Ich wünsche dir ...“ und fügt hier das ein, was sie Ihnen von Herzen wünscht.

✧ Beim anschließenden Imbiss können Sie „Fruchtbarkeitsspeisen“ anbieten.

Dafür eignen sich: Hirse, Weizen, Spargel, Erdbeeren, Damianatee, Frauenmanteltee, Holunderblütentee, Petersilie, Granatapfel, Liebstöckel

Ritual: Mit Berkana Fruchtbarkeit einladen

Im Runenreigen zählt Berkana zu den Baumrunen. Sie ist die Birkenrune, die mit den Göttinnen Brigid, Freya, Frigg, Holle und den mütterlichen Korngöttinnen in Verbindung gebracht wird. In der Mythologie taucht ihre Kraft als Erdgöttin auf, die über den Lauf des Vegetationsjahres herrscht. Aus dieser Kraft werden das verschwenderische Füllhorn der Natur gespeist und ein Raum des Segens und der Gnade gewebt. Berkana verkörpert das nährende mütterliche Prinzip, aus dem der Segen der Fruchtbarkeit und des Wachstums hervorgeht. Mit dieser Rune tritt man mit der inneren Göttin in Verbindung, jener urweiblichen Kraft, die immer wieder aufs Neue die Vielfalt der Erscheinungsformen hervorbringt. Die Form der Rune erinnert an die weiblichen Brüste. Als magisches Zeichen begünstigt Berkana Fruchtbarkeit auf allen Ebenen.

Durchführung des Rituals:

Dieses Ritual kann alleine oder mit dem Partner zelebriert werden.

- ✧ Ziehen Sie sich alleine oder mit Ihrem Partner an einen Platz zurück, an dem Sie ungestört sind und sich geschützt und geborgen fühlen. Um dieses Ritual zu unterstützen und eine kontemplative, „fruchtbare“ Atmosphäre zu schaffen, können Sie sich mithilfe duftenden Rauches aus dem Alltag zurückziehen.
  Diese Kräuter eignen sich dafür:
  Damiana, Frauenmantel, Holunderblüten, Labkraut, Lindenblüten, Myrrhe, Rosenblüten, Steinklee, Weihrauch
- ✧ Legen Sie die ausgewählten Kräuter und Harze auf das Metallsieb Ihres Räucherstövchens und lassen Sie sich genussvoll auf den Duft ein.
- ✧ Atmen Sie tief und ruhig.
  Entspannen Sie sich.

Sie sind geschützt und geborgen.

- Wenn Sie das Ritual alleine durchführen, legen Sie Ihre Hände in Form einer Schale in Höhe Ihres Nabelchakras ineinander.
- Wenn Sie das Ritual mit Ihrem Partner durchführen, sitzen Sie einander gegenüber und fassen sich an den Händen.
- Visualisieren Sie einen heiligen Platz mit einem Steinkreis.
  Sie sitzen in der Mitte des Kreises.
- Fühlen Sic das sanfte Licht der Abendsonne auf Ihrer Haut.
- Fühlen Sie den Wind, der den Duft von Nadelbäumen und Meer mit sich bringt.
- Sie sind entspannt, frei und umgeben von Liebe.
- Visualisieren Sie nun die Rune Berkana, die in goldenem Licht vor Ihnen steht.
- Visualisieren Sie im Licht der Rune Ihre innere Göttin und Ihren inneren Gott, die einander an den Händen halten.
- Spüren Sie die Liebe, die die beiden umgibt.
- Atmen Sie tief und ruhig.
  Sie sind entspannt und gelassen.
- Spüren Sie, wie das Licht der Rune Sie umfließt.
  Fühlen Sie, wie das Licht Berkanas in Sie hineinfließt und jede Zelle Ihres Körpers mit Wärme erfüllt.
- Bitten Sie um den Segen der Fruchtbarkeit.
- Ihr Atem fließt im Rhythmus der Wellen des Lichtes, die Ihren Körper durchfluten.
- Sie fühlen sich getragen und geborgen, eins mit der Kraft und Verbindung Ihrer inneren Göttin mit Ihrem inneren Gott.
- Sie atmen das Licht Berkanas ein, solange Sie möchten.
- Bewahren Sie abschließend diese Kraft in sich, in dem Bewusstsein, dass sie ein Teil von Ihnen ist.
- Bewegen Sie Ihre Arme, Ihre Beine, strecken Sie sich und öffnen Sie schließlich die Augen.

- ✧ Halten Sie Ihre Eindrücke auf einem Blatt Papier fest und tauschen Sie sich mit Ihrem Partner, der das Ritual mit Ihnen gemeinsam zelebriert hat, aus.

Den Jahrestag der Hochzeit feiern

Betrachtet man die hohe Scheidungsrate, so könnte man versucht sein, langjährige Ehen zynisch als Glückstreffer, als Ausnahme von der Regel, zu betrachten.
Sieht man andererseits Paare, die nach vielen gemeinsamen Ehejahren noch immer eine tiefe Zuneigung zueinander ausstrahlen, so drängt sich die Frage nach dem „Rezept" einer guten Ehe auf. Der berührende Dichter Khalil Gibran hat in seinen Texten über die Ehe geschrieben:

> „Aber lasst Raum zwischen euch.
> Und lasst die Winde des Himmels
> zwischen euch tanzen.
> Liebt einander, aber macht die Liebe
> nicht zur Fessel.
> Und steht zusammen, doch nicht zu nah:
> Denn die Säulen des Tempels stehen für sich
> und die Eiche und die Zypresse wachsen
> nicht im Schatten der anderen."

Zu den Grundzutaten einer harmonischen Ehe zählen neben Liebe, Vertrauen und Kompromissbereitschaft sicher Ausdauer und Respekt vor der Eigenständigkeit des geliebten Menschen.
Die „Hohe Zeit", die ein Paar mit der silbernen oder goldenen Hochzeit erreicht hat, hat viele Berge, die man gemeinsam erklommen oder

umgangen hat und viele Täler, die durchlitten wurden, hinter sich. Wer den Partner jenseits von Vernunft und Egoschranken erkennt und liebt, begreift ihn als Ergänzung der eigenen Persönlichkeit.
Es entspricht der Weisheit des alten Sprichwortes:

„Je länger der Zügel, desto fester die Bindung."

wenn man dem Partner Raum gibt, um über die Jahre in die bestmögliche Version seiner selbst zu wachsen.
Heute scheint Treue oft ein antiquierter romantischer Begriff zu sein und nicht das Vertrauen und der Respekt dem Partner gegenüber, den sie ausdrückt.
Kurz gesagt, es gibt sie nicht, die goldene Regel für eine erfolgreiche Ehe. Wenn die Liebe unter der Last des Alltags in die Abgründe der Gleichgültigkeit, Vernachlässigung und ratlosen Verzweiflung stürzt, kann man dem Partner nur immer wieder die Hand reichen und sagen: „Komm, lass es uns gemeinsam versuchen."

All jene Paare, die sich vertrauensvoll und tolerant Raum geben, damit jeder sich auf seine Weise entfalten und wachsen kann, tun gut daran, ihre kostbare Verbindung zu feiern, wie es sich an den Jahrestagen der Ehe anbietet.

Im Anhang finden Sie eine Aufstellung von 100 Hochzeitstagen, von der ersten „grünen Hochzeit“ bis zur hundertsten „Himmelshochzeit“. Die einzelnen Bezeichnungen können regional unterschiedlich sein. Viele dieser Hochzeitstage wurden nach Edelsteinen, Metallen oder Blumen benannt, sodass diese Themen mit der Feier des jeweiligen Hochzeitstages in der Blumendekoration oder einem Schmuckstück, das man schenkt, berücksichtigt werden können. An besonderen, ausgewählten Hochzeitstagen könnte man als Paar auch in ein Land reisen, in dem der entsprechende Edelstein gefördert wird.

Lassen Sie sich von den fantasievollen Namen inspirieren, wenn Sie Ihren Jahrestag feiern.

Die Hohe Zeit im Spiegel des Jahreskreises

Beltane, das Fest unter dem Vollmond im Mai, zelebriert die Verschmelzung von Göttin und Gott, von Erde und Himmel. Die junge Frühlingsgöttin ist bereit zur Hochzeit und die Natur feiert mit ihr. Die erdhafte Sinnlichkeit, die unter der Einstrahlung der Venuskräfte im Zeichen Stier herrscht, bereitet die Bühne für die bevorstehende Vermählung der Maigöttin mit dem strahlenden jungen Lichtgott. Unsere Ahnen begrüßten die sommerliche Jahreshälfte unter diesem blütenschweren Vollmond. Auch im Lebenskreis beginnt mit der Hochzeit der Sommer im Leben, wenn man beginnt, das Fundament für die nächste Generation weiterzubauen. Freya, die nordische

Liebesgöttin, entspricht mit ihrer ungezügelten Leidenschaft dem Archetyp der Maigöttin. In dieser ausgelassenen Mainacht voller erotischer Freuden transformiert die junge Göttin zur „Roten Göttin“, in deren Menstruationsblut der Zyklus der Fruchtbarkeit offenbart wird. Bald wird die junge Göttin vollends in ihrer weiblichen Kraft erblühen. Zur Zeit der Sommersonnenwende erscheint sie als mütterliche Vegetationsgöttin, deren allumspannende Kraft die Früchte der Erde zur Reife drängt.

So, wie schwangeren Frauen ein besonderes Leuchten zu eigen ist, das ihr ganzes Wesen durchstrahlt, manifestiert sich die Göttin in den sommerhellen Tagen als fürsorgliche, schwangere Erdgöttin, die die Früchte der Erde in ihrem Leib trägt.

Familiengründung, die Ausdehnung in den Zenit der Kraft, berufliche Karriere und der Aufbau des Lebenswerkes manifestieren sich im Götterpaar, das über die Jahreskreisfeste im August und September herrscht.

Der Lichtgott ist nun in der Blüte seiner strahlenden Kraft. In den heißen Augusttagen transformiert er vom jugendlichen Lichtgott zum Herrscher, dessen feurige Kraft das Zentrum der kosmischen Macht bildet. Dieser feurige Gott herrscht an der Seite der Korngöttin, die in der Blüte ihrer weiblichen Kraft steht. Fürsorglich, mütterlich hat sie ihr Imperium aufgebaut. Die archetypische Energie spiegelt sich in Frauen, die dem Höhepunkt ihrer beruflichen Laufbahn zustreben, die als nährender Mittelpunkt die Familie versorgen oder die ihre mütterlich versorgende Energie in ein Projekt stecken. Gott und Göttin sind am Höhepunkt ihrer Kraft, im Zenit des Lebens.

„Die Zeit verwandelt uns nicht, sie entfaltet uns nur."

Max Frisch

5 Wechsel und Übergang

Wechsel und Neuorientierung

Nichts wird in unserer Gesellschaft so sehr kommerzialisiert wie der Hunger nach ewiger Jugend, und nichts so sehr tabuisiert wie der Tod. Im Kreis des Lebens beginnt mit dem Loslassen erwachsener Kinder und dem Abschluss des Berufslebens eine neue Phase, die viele tiefgreifende Veränderungen mit sich bringt.

Frauen an der Schwelle zur Menopause erleben abseits der Umstrukturierung auf körperlicher Ebene, die mit physischen und emotionalen Reaktionen verbunden ist, oft einen spürbaren Zuwachs an Kraft und Kreativität. Zudem lässt der nährende, mütterliche Instinkt nach, um einem neuen Verständnis in der Beziehung zu erwachsenen Kindern Platz zu machen. Sowohl für Männer als auch für Frauen fällt ein Pflichtprogramm weg, sobald die Erwerbstätigkeit abgeschlossen ist. Daraus resultierend ergibt sich die Freiheit, sich neu zu orientieren und sich neue Ziele zu setzen, um dem ureigensten Wesenskern jenseits der nährenden, fürsorglichen oder beruflich auferlegten Rolle zu entsprechen. Neue Hobbys oder eine neue „Berufung" werden nun mit jener Leidenschaft verfolgt, die auf dem Fundament der Reife, gewonnen durch Lebenserfahrung, ruht. Man kennt die eigenen Stärken und Schwächen und hat – mitunter oft mühsam – gelernt, nicht unaufhörlich über die Grenzen der Belastbarkeit hinauszugehen. Nun ist Erntezeit im Leben. Man zieht Bilanz über das Erreichte, Versäumte und dankbar Vermiedene. Fülle und Mangel werden glasklar erkannt und Hand in Hand damit dem Drang, das Leben zu vereinfachen und Ballast auszusortieren, nachgegeben. Schritt für Schritt lernt man in dieser Phase des Übergangs, unwichtige Dinge loszulassen sowie Pflichten und Verantwortung abzugeben. Sport und körperliche Fitness rücken im Rahmen der allgemeinen Gesundheit in den notwendigen Fokus. Ältere Semester werden in unserer wirtschaftsorientierten Gesellschaft ob ihrer Kaufkraft geschätzt. Die Gesundheitsindustrie und die Tourismusbranche boomen nicht zuletzt dank der „New-Ager“ über sechzig. So mancher ist mit dem Ende der beruflichen Laufbahn auch am Höhepunkt seiner Karriere, sodass das Thema Macht versus Ohnmacht entweder mit verändertem Fokus ausgelebt oder erleichtert zur Ruhe gelegt wird.

Frauen weben an diesem Schwellenübertritt oft an einer Identität jenseits des Fortpflanzungszyklus. Die Bedürfnisse anderer treten zunehmend in den Hintergrund, wenn die eigenen Interessen verstärkt in den Vordergrund treten. Für so manche Ehe wird diese Phase im Leben zur Zerreißprobe, wenn Männer sich durch diese neue Eigenständigkeit und eingeforderte Unabhängigkeit ihrer Partnerin verunsichert und in ihrem Bedürfnis nach umsorgender Zuwendung bedroht fühlen. In der allgemeinen Umstrukturierung während dieses Übergangs erhält auch die Partnerschaft eine neue, tiefere, reifere Dimension.

Die Elternrolle wird anders gelebt. Erwachsene Kinder werden mit der nachlassenden Kraft der Eltern konfrontiert, erleben eine scheinbar neue Mutter und fühlen sich der gewohnten Nestatmosphäre, die von ihr geschaffen wurde, beraubt. Die Kinder dieser Lebensphase sind geistiger Natur, um als Projekt, Lernaufgabe oder Hobby mit jener nährenden Energie versorgt zu werden, die vormals der Familie zur Verfügung stand. Viele Großeltern stellen Teile ihrer neugewonnen Freiheit zugunsten der Betreuung von Enkelkindern hintan. Sie fügen der Erziehung durch die Eltern ihre ruhige innere Sicherheit, ihre Geduld und Lebenserfahrung hinzu. In diesen Beziehungen ist generationenübergreifendes Lernen die Norm. Das technische Know-how der Enkelkinder, ihr unbekümmerter Umgang mit neuen Entwicklungen, Handy und Computer dient den Großeltern als Lernprogramm und Tor in die technische Gegenwart. Die Zeit und der Gesprächsraum, die Großeltern ihren Enkeln schenken, stellen einen unschätzbaren Hort der Geborgenheit und Sicherheit dar.

In diesem Abschnitt ihres Lebens entdecken Frauen oft Frauenkreise mit Interessen, die den eigenen entsprechen, oder sie entdecken eine Fortbildung, die zu einem neuen Betätigungsfeld führt. Oft fühlen sie sich in diesem Kreis Gleichgesinnter besser verstanden und aufgehoben als in der Familie.

Mit dem Eintritt der Menopause setzt die Natur ein sichtbares Zeichen, dass eine neue Phase im Lebenskreis begonnen hat. Weibliche Schönheit, über die man sich ein Leben lang definiert hat, weicht mit dem veränderten Hormonhaushalt sichtbaren Spuren des Alters. Letzteres zählt in unserer Gesellschaft, die dem Idol ewiger Jugend huldigt, zu den Kapitalverbrechen. Verzeiht man älteren Männern schwindenden Haarwuchs und andere Alterszeichen noch, indem man ihnen das Prädikat „reifer Mann“ verleiht, so drückt man älteren Frauen gerne den Stempel der Hässlichkeit und Wertlosigkeit auf. Der Wert innerer Schönheit, die Kraft, die Lebenserfahrung und Weisheit dieser Lebensphase ersticken nur zu oft in den Glaubenssätzen und Wertvorstellungen unserer Gesellschaft.

Für Männer gibt es kein sichtbares Zeichen, das eine Zäsur zwischen „der Herrschaft des Königs“ und dem Rückzug in die Stufen des Alters sichtbar macht. Er weiß mit der intuitiv gefühlten Umstellung von Körper und Psyche in diesem Lebensabschnitt, was die Frau mit Eintritt der Menopause unweigerlich wahrnimmt. Mit Übertritt dieser Schwelle ist es höchste Zeit, seinem wahren Wesen zu entsprechen, sich keinem Erwartungsdruck mehr zu beugen, die Stimme zu erheben und dafür zu sorgen, dass man so gesehen wird, wie man wirklich ist.

Alter in vorpatriarchalen Kulturen

Die Wertschätzung des Alters ist ein wesentlicher Bestandteil der sozialen Struktur vieler indigener Völker und vorpatriarchaler Kulturen.

Mit dem Versiegen des Blutmysteriums der fruchtbaren Frau sprach man der Frau nun, da ihr Blut im Körper verbleibt, Weisheit über die Lebenserfahrung hinaus zu. Mit dem Eintritt der Menopause hielt man sie für fähig, als Heilerin, Hebamme, Lehrerin, politische Beraterin, moralische Instanz oder Führerin der Gemeinschaft tätig zu sein. Die „Weise Alte" ist nun nicht nur ihren biologischen Kindern, sondern der Gemeinschaft eine nährende Mutter, indem sie anspruchsvolle Aufgaben, die Erfahrung und Besonnenheit bedingen, im Dienste der Gemeinschaft übernimmt.

Der „Weise Alte" ist ein dringend benötigter Ratgeber in politischen Bereichen und Lehrer für die jungen Männer, die in ihr Mannsein hineinwachsen.

Wie im Abschnitt „Pubertätsriten" besprochen, waren es ältere, kriegserfahrene Berserker, die die jungen Männer auf dem Weg zum „Wilden Mann" in sich und auf dem Weg zum Krieger begleiteten. Überlieferungen über die soziale Struktur nordgermanischer Stämme zeichnen allerdings auch ein anderes Bild über den Umgang mit alten, siech gewordenen und nicht mehr waffenfähigen Kriegern. Sie wurden als nutzlos geworden beiseitegeschoben. Auch Selbstmord oder freiwilliger Tod durch die Hand eines anderen ist überliefert, denn nur wer mit der Waffe in der Hand starb, hatte Zutritt zur Halle Odins.

Bei manchen indigenen Stämmen Nordamerikas wählten die Frauen nach dem Eintritt in die Menopause als Teil des Stammesrates den Häuptling.

Wie geht unsere Gesellschaft mit dem Alter um?
Welches wertvolle Potenzial geht uns mit der Fokussierung auf den Wahn ewiger Jugend verloren?
Die Rituale des Überganges in diese Lebensphase sind aus unserer Gesellschaft verschwunden. Die Göttinnen, mit deren archetypischen Kräften die Transformation auf eine neue Bewusstseinsebene verbunden war, sind in Vergessenheit geraten. Eine dieser weiblichen Urkräfte ist die keltische Göttin Cerridwen, in deren Kessel der Transformation der Weg zu persönlicher Reife schlummert.

Die Göttin Cerridwen

Im inselkeltischen Mythenkreis wird von der walisischen Naturgöttin Cerridwen erzählt, die als dreifaltige Erdgöttin in ihrem jungfräulichen Aspekt, als fruchtbare Muttergöttin und als dunkle Mutter verehrt wurde. Sie war eine talentierte Zauberin und Hüterin des magischen Kessels, in dem sie heilende, aber auch tödliche Zaubertränke herstellte. Als Mondgöttin herrscht sie über die Kräfte der Regeneration. In ihrem Aspekt als Totengöttin ist Cerridwen mit den Gesetzen von Tod und Wiedergeburt vertraut.
Sie ist jene Göttin, mit deren Kraft man sich an den Schwellen des Übergangs verbindet, um Inspiration für den neuen Abschnitt zu erhalten. Cerridwens Kessel ist das Gefäß der Transformation, der magische Prozess der Umformung und Wandlung, durch den Einsicht und Weisheit geschenkt werden. In ihrem Kessel der Wandlung wird die alte Identität in Teile zerstückelt, um auf neue Weise zusammengesetzt zu werden. Cerridwens Kraft initiiert die Wiedergeburt in einen neuen Abschnitt des Lebens und das Erreichen eines neuen Bewusstseinszustandes. Die zweite Gabe, die ihrem Kessel entspringt, ist die

der Inspiration. Mithilfe dieser Zutat im magischen Trank des Kessels überquert man die Schwelle leichten Herzens, um sich neu zu positionieren, sich für neue Erfahrungen auf dem Weg zu persönlicher Reife zu öffnen und den Boden unter den Füßen nicht zu verlieren.
Drei Tropfen der magischen Flüssigkeit aus dem Kessel schenkten dem Knaben Gwion Bach Weisheit und Inspiration. Die mythologische Überlieferung erzählt, dass Cerridwen ihrem Sohn, der sich als der hässlichste Knabe entpuppte, den man sich vorstellen konnte, mit einem Zaubertrank Weisheit schenken wollte, um Ausgleich für sein unglückseliges Äußeres zu schaffen. Die Vorbereitungen für den magischen Trank waren umfangreich und langwierig, denn die hierfür benötigten Kräuter mussten zu bestimmten Tages- und Jahreszeiten gesammelt werden. Es galt den Stand der Gestirne und die Mondzyklen zu beachten, damit die Kräuter ihre bestmögliche Kraft im Kessel der Wandlung entfalten konnten. Ein Jahr und einen Tag lang sollte das Gebräu unter ständigem Rühren mit der erforderlichen Temperatur köcheln. Die gemurmelten Zaubersprüche Cerridwens woben ihre eigene besondere Magie in den Trank. Gwion Bach wurde mit der Aufgabe betraut, den Zaubertrank stetig und gleichmäßig zu rühren. Nach Ablauf der vorbestimmten Zeit würden drei Tropfen der magischen Flüssigkeit Weisheit und Inspiration schenken und Cerridwens Sohn außergewöhnliches Aussehen bescheren. Doch das Schicksal entschied anders. Als Gwion beim Umrühren drei Tropfen des Kesselinhaltes auf die Hand spritzten, leckte er diese ab. Der Kessel zersprang und Gwion erkannte mit den neu gewonnenen Fähigkeiten, dass er schleunigst das Weite suchen musste, um dem Zorn Cerridwens zu entkommen. Außer sich vor Wut setzte die zauberkundige Göttin Gwion in einer wilden Verfolgungsjagd nach, bei der beide sich immer wieder in andere Tiere verwandelten. Letztendlich pickte Cerridwen Gwion, der sich in ein Korn verwandelt hatte, auf und wurde mit ihm schwanger. Im „Kessel" ihres Mutterschoßes wurde der Knabe wieder

geboren und wuchs mit seinen Gaben aus dem magischen Trank zu Taliesin, dem größten Barden heran, den Wales je kannte. Seine Worte vermochten Wunden zu heilen und er verfügte über die Gabe der Hellsichtigkeit.

Cerridwen schenkt an der Schwelle des Übergangs nicht nur die Wiedergeburt in eine neue Identität, die auf einem veränderten Bewusstseinszustand beruht. Sie lehrt uns auch die sorgfältige Auswahl der Zutaten, die es benötigt, um den Wandel herbeizuführen, und das Erkennen des richtigen Zeitpunktes, um sich neu zu positionieren.

Ritual: Zwiegespräch mit Cerridwen

Der Ausklang des Berufslebens und der Eintritt körperlicher Veränderungen wie der Menopause sind ein guter Zeitpunkt, um mit der archetypischen Kraft der Göttin Cerridwen in Verbindung zu treten. Laden Sie Cerridwen zu einem Zwiegespräch ein. Lauschen Sie dem Raunen der Hüterin des Kessels der Transformation, um im Widerhall aus den Tiefen Ihres Unbewussten Inspiration für die nächste Stufe im Kreis des Lebens zu erfahren.

- ✧ Suchen Sie eine Quelle, einen Bach oder einen See in der Natur auf. Achten Sie darauf, dass Sie einen ungestörten Platz für Ihr Zwiegespräch mit Cerridwen zur Verfügung haben. Stellen Sie eine kleine Opfergabe an Ihren gewählten Ritualplatz, um Ihre Wertschätzung zu bekunden. Als Opfergabe eignet sich Räucherwerk, das Sie als Gabe für die Göttin entzünden, ein schöner Kristall, den Sie an den Wurzeln des Baumes, an den Sie sich eventuell lehnen, vergraben, aber auch ein paar Tropfen Alkohol, Hirse oder Reiskörner.
- ✧ Setzen Sie sich an das Ufer des Gewässers. Lehnen Sie, wenn möglich, den Rücken an den Stamm eines Baumes, damit Sie ent-

spannt sitzen und im Baum eine Verbindung zwischen Himmel und Erde als Unterstützung haben.

✧ Legen Sie die Hände in Form einer Schale vor dem Herzen zusammen.
✧ Blicken Sie ins Wasser und lauschen Sie dem Plätschern, Murmeln und Flüstern des Baches oder des Sees.
✧ Atmen Sie tief und ruhig. Spüren Sie, wie sich Ihre Bauchdecke sanft hebt und senkt. Entspannen Sie sich.
Genießen Sie die Stille und das Wispern des Wassers.
✧ Sie sind geschützt und geborgen.
✧ Laden Sie die Göttin Cerridwen zu einem Zwiegespräch ein.
Bitten Sie um die Wandlungskräfte ihres Kessels. Bitten Sie um ihren gütigen Rat und Inspirationen für den Weg vor Ihnen.
✧ Atmen Sie langsam, tief und ruhig. Konzentrieren Sie sich auf Ihren Atem und das sanfte Flüstern des Wassers.
✧ Lassen Sie aufsteigende Gedanken ohne Anspannung kommen und gehen.
✧ Spüren Sie die Gegenwart Cerridwens, ihre Güte und ihre Weisheit.
✧ Fühlen Sie Cerridwens Kraft in der Mitte Ihres Seins. Pulsierend strömt diese Energie bis in den letzen Winkel Ihres Körpers.
✧ Spüren Sie die Kraft der Wandlung und Inspiration in Ihrem Bewusstsein.
✧ Bitten Sie Cerridwen um die Kraft, Ihr innerstes Wesen zu leben.
✧ Bitten Sie Cerridwen, Ihr Bewusstsein für die Aufgaben und Lektionen, die diese Lebensphase für Sie bereithält, zu öffnen.
✧ Hören Sie in sich hinein und lauschen Sie dem Raunen Cerridwens.
✧ Bleiben Sie solange an Ihrem Platz in der Natur sitzen, wie es sich für Sie gut und richtig anfühlt.
✧ Bedanken Sie sich schließlich für die Inspirationen und den Kraftstrom, den Sie aus diesem Zwiegespräch mitnehmen dürfen.
✧ Wenn Sie nach Hause zurückgekehrt sind, schreiben Sie Ihre

Eindrücke auf ein Blatt Papier. Lesen Sie Ihre Aufzeichnungen immer wieder durch, vor allem dann, wenn Sie das Gefühl haben, sich als Opfer anstelle des aktiv Handelnden zu fühlen. Sie sind Meister Ihres Schicksals und weben Ihren Weg. Cerridwens Eingebungen verbinden Sie mit der Stimme Ihres Unbewussten und mit Ihrer inneren Führung.

Meditatives Innehalten: Loslassen und Neuorientierung

Die Zeit des pflichterfüllten Schaffens darf der Muse und Dankbarkeit für das Erreichte Platz machen. Im Kreis des Lebens bietet sich dieser Abschnitt besonders an, um der gefühlten Fülle und dem vermeintlichen Mangel den rechten Platz in der Ordnung seines Lebens zu geben. Mit den Jahren weiser geworden, betrachtet man in einem meditativen Hineinhorchen in sich selbst was kam und was ging und was an Erkenntnissen in den nächsten Zyklus im Lebenskreis mitgenommen wird. Dem Wunsch nach Ruhe und Schweigen, um seinen Gedanken ungestört nachzuhängen, kann man an seinem Lieblingsplatz oder auf einem Spaziergang in der Natur entsprechen.
Wenn Sie Resümee ziehen, um Ordnung für die nächste Etappe zu schaffen, können Sie sich folgende Fragen stellen:

- Was in mir fühlt sich vollendet oder nicht mehr zugehörig an und möchte nun in Liebe losgelassen werden?
- Wo fühle ich mich eingeschränkt und in meinen Möglichkeiten beschnitten?
- Wo möchte ich in meinem Leben etwas verändern? Im Kessel der Transformation stirbt das Alte, um sich zu wandeln und in neuer Form zu entstehen.
- Wie möchte ich mein Leben nun gestalten?
- Was soll Neues entstehen?

- Welche Rolle möchte ich nicht mehr leben?
- Welche Pflichten möchte ich abgeben?
- Nichts kann auf Dauer bewahrt werden. Werden und Vergehen – wie gehe ich damit um?
- Welche Menschen sind für mich wichtig?
- Wen möchte ich aus meinem Leben verabschieden?

Diese persönliche Bestandsaufnahme wird durch Gespräche mit dem Partner oder erwachsenen Kindern noch mehr Struktur für eine Neuorientierung erhalten. Aus diesem Gesamtbild werden Sie erkennen, wann der richtige Zeitpunkt für die praktische Umsetzung Ihrer Vorhaben ist und welche Zutaten Sie benötigen, um Ihre Identität für diese Phase zu weben.

Wechsel und Übergang im Spiegel des Jahreskreises

Die Erntezeit im Leben und der langsame Rückzug aus Pflichten und Verantwortung spiegeln sich im Altweibersommer und in der Erntezeit bis in den Oktober hinein. Für alles Materielle ist nun gesorgt. Die Zeit des unermüdlichen Schaffens macht der Muse und Dankbarkeit über das Erreichte Platz. Das Götterpaar der Erntezeit hält das Zepter zwar noch immer in den Händen, doch arbeiten beide bereits an der Transformation ihrer Identität. Während die Erntegöttin ihrer Regentschaft als Totengöttin und der Herrschaft über die dunkle Zeit im Jahresrad entgegenstrebt, bereitet sich ihr göttlicher Gefährte auf seinen Gang in die Unterwelt vor, um in neuer Form wiedergeboren zu werden. Im Leben zieht man in dieser Phase Resümee über das Erreichte und ist bereit, in eine Identität jenseits des Fortpflanzungszyklus zu transformieren.

„Schließlich ist der Tod für den gut vorbereiteten Geist nur das nächste große Abenteuer.“

Dumbledore in „Harry Potter und der Stein der Weisen“

6

Abschied und Tod

Alter, der Abbau nach außen gerichteter Kräfte

Vorchristliche Glaubensvorstellungen betrachteten den Tod als Teil des zyklischen Werdens – Wachsens – Vergehens, das schließlich mit dem Tod als Tor zu einer Wiedergeburt in einer anderen Identität mündet. Daher betrachtete man den allmählichen Rückzug von Aktivitäten mit Eintritt des Alters und das Versiegen der körperlichen und geistigen Kraft als natürlichen, ja notwendigen Ablauf, im Gegensatz zur Aufbauphase der Jugend. Das Alter bedingte einen Abbau der nach außen gerichteten Kräfte, um der Essenz, der Seele, die Wiederkehr in einen neuen Lebenszyklus zu ermöglichen.

In dieser Übergangsphase, in der die dunkle Mutter uns ruft und tröstend in den Armen wiegt, entstehen aus der zunehmenden körperlichen Schwäche und dem Erlöschen des Geistes Hilflosigkeit und Einsamkeit. Die unauslöschliche Tatsache, dass Alter den Stärksten zu Fall bringt, der strahlendsten Schönheit das Siegel der Zerstörung aufdrückt und der Tod den Mächtigsten besiegt, zählt zu den tiefgreifendsten Lernerfahrungen im Kreis des Lebens. Oft genug wird jemand jedoch durch Krankheit abrupt aus einem aktiven Leben gerissen, um mit Schwäche und Verfall konfrontiert zu werden. Spätestens jetzt haben Eltern das dringende Bedürfnis, ihre Angelegenheiten zu regeln, damit sie Kindern später nicht zur Last fallen oder diese das Leben der Eltern posthum aufräumen müssen. Ein Testament soll nicht nur die Wünsche des Verfassers berücksichtigen und seinen Besitz regeln, sondern vor allem auch Streitigkeiten nach seinem Tod unter den Erben verhindern. Die Unterstützung bei der Klärung und Regelung dieser Angelegenheiten ist ein wichtiger Dienst, den Kinder ihren Eltern oder Freunde einander erweisen.

Unser religiöses und ethisches Weltbild steht hinter lebenserhaltenden Maßnahmen, die der Sterbende in seinem Bestreben, endlich gehen zu

dürfen und von einem Leben, das ihm nicht mehr lebenswert erscheint, erlöst zu werden, oft als Belastung empfindet. Anders jedoch als in vielen alten Kulturen wird Selbstmord religiös verdammt und es wird uns das Recht, über den Zeitpunkt des Todes zu entscheiden, nicht zuerkannt. Der Tod als Schlusspunkt von Schwäche, Siechtum und Verfall wird in unserer Gesellschaft gerne verdrängt. Die Filmindustrie versorgt uns mit Tod infolge von Mord, Gewalt oder Kriegsgeschehen. In dieser Form bleibt er ein anonymes Spektakel, das der Unterhaltung dient und auf Distanz betrachtet werden kann.
Da die nährenden, mütterlichen Frauen mittlerweile selbst im Berufsleben aufgehen, fällt die Pflege alter Menschen Pflegepersonal zu, das Sterbende körperlich versorgt, jedoch den Ansturm der verzweifelten Emotionen nicht immer ausreichend mit Trost und Liebe mildern kann. Wie leicht fällt es uns, weinende, verängstigte Kinder tröstend in den Arm zu nehmen, während wir als liebevoll Tröstende im Angesicht des Todes oft nicht ausreichend Zuwendung und Zuspruch geben können.

Die Seelenführerinnen und das Totengericht

In den Überlieferungen unterschiedlicher Kulturen wird von Andersweltlichen erzählt, die dem Sterbenden beim Übergang ins Jenseits zur Seite stehen.
Im christlichen Gedankengut bringt der Erzengel Michael die Seele des Verstorbenen vor Gottes Thron. Der himmlische Streiter mit dem flammenden Schwert ist einer der Erzengel. Nach der Vertreibung Adams und Evas aus dem Paradies bewacht Michael den Eingang zum Garten Eden. Als Luzifer sich mit seinen Engeln gegen Gott

erhob, stürzte Michael ihn aus dem Himmel hinab. Der Bezwinger des Teufels und Anführer der himmlischen Engelskräfte ist das Zünglein an der Waage im Kampf zwischen Licht und Schatten. Am Tag des Jüngsten Gerichts wird der Schall seiner Posaune die Toten wecken und seine Waage wird die Seele wägen, um sie in das Reich Gottes aufsteigen oder in die ewige Dunkelheit stürzen zu lassen. Abseits biblischer Texte und der Interpretationen kirchlicher Gelehrter wird der Engel mit dem Flammenschwert für das einfache Volk zum Fürbitter für die Menschen. Auf seiner Seelenwaage wiegt er zwar die Taten der Verstorbenen, aber er geleitet die Seelen nach dem Tod auch vor Gott und bittet für sie.

Die Waage als Attribut des Totengerichtes taucht bereits bei der ägyptischen Unterweltsgöttin Maat auf. Der Titel „Gebieterin des Westens" deutet auf Maats entscheidende Rolle beim Totengericht hin. Die Feder, die Maat auf jedem Bildnis der Göttin als wichtiges Attribut zugeordnet ist, gibt den ausschlaggebenden Hinweis auf die Rechtschaffenheit und moralisch einwandfreie Lebensführung des Toten, der vor dem Totengericht Zeugnis über sein Leben ablegt. Während sich Maats Blick tief in die Seele des Verstorbenen senkt, wird sein korrektes Handeln im soeben beendeten Leben gemäß Maats Gesetz überprüft. Vor ihrem Thron wird der Mensch den positiven und negativen Folgen seines Handelns gegenübergestellt. Der schakalköpfige Gott Anubis legt das Herz des Toten auf die Waage des Ausgleichs oder des ausgewogenen Handelns und wiegt es gegen Maats Feder auf. Wer leichten Herzens, im Einklang mit den Gesetzen der kosmischen Ordnung, vor das Gericht tritt, findet die Schalen der Waage im Gleichgewicht. Ihm wird das Privileg zuteil, in Maats Nähe zu bleiben, damit er ausruhen und heilen kann. Jene, die beladen mit Irrungen vor Maats Gericht treten, werden von der Krokodilsgöttin Ahemait verschlungen.

Die nordischen Engel des Todes sind unter dem Namen Walküren überliefert. Freya, die Göttin im schamanischen Falkenkleid, ist die Herrin der Walküren. Als geflügelte Boten des Todes schweben die Walküren über den Schlachtfeldern, um die in Ehren gefallenen Helden und Krieger nach Walhalla an Odins Festtafel oder in Freyas Festsaal zu geleiten, denn die Hälfte der gefallenen Helden stand der Göttin zu.

In den keltischen Totenriten begleitet die Banshee die Sterbenden in die nächste Welt. Sie ruft denjenigen, den sie liebt, mit sanftem Gesang. Sie kommt als Feenfrau, die trauert, die liebevoll den Pfad bereitet und den Weg zeigt, damit der Übertritt ohne Furcht geschieht. Es sind immer die Seelenführer, die das Verlassen des Körpers zu einer Reise der Leichtigkeit und Freude oder einer Erfahrung des Schreckens gestalten. Der Ruf der Banshee vermag den Sterbenden zu beruhigen und ihm bewusst zu machen, dass er allen Schmerz nun hinter sich lassen darf, dass die Seele das Alter zurücklässt, um jung und in all ihrer Schönheit die Reise anzutreten. Die Überlebenden vermag die Banshee mit dem friedvollen Tod des Verstorbenen zu trösten. Aber nicht immer geleitet sie die Sterbenden so sanft durch die Tore des Jenseits. Die zerstörerischen Kräfte, mit denen ein Sterbender seine Seele im Leben verdunkelt hat, können die Erfahrung des Übergangs zu einem Tod voller Schrecken werden lassen.

Dakinis, die indischen Todespriesterinnen, waren meist ältere Frauen, die den Sterbenden tröstend beistanden. Im slawischen Kulturraum oblag diese Aufgabe den Vilen. In Russland waren es die Rusalki, die der Seele den Weg zeigten und den Sterbenden liebevoll in die Arme nahmen. Die goldgeflügelte griechische Göttin Iris war die Totenbegleiterin, die im antiken Griechenland die Frauen über ihren Regenbogen in eine Welt des Friedens führte. Gleich dem Götterboten Hermes war die Frau des Westwindes Zephir Botin zwischen der Welt der Götter und jener der Menschen. Nach ihr ist die elegante Blume benannt, die man in unseren Gärten auch als Schwertlilie kennt. Um den Sterbenden das Loslassen des Körpers zu erleichtern, wurden Iriswurzeln verräuchert. War den Toten das Reich des Unterweltsfürsten Hades als Aufenthaltsort bestimmt, so brachte sie Charon, der Fährmann, über den Fluss Styx, der die Grenze zwischen der Welt der Lebenden und dem Reich der Toten bildet. Als Lohn für die Überfahrt erhielt Charon von den Toten eine Münze, den sogenannten Obolus, die man ihnen vorsorglich unter die Zunge gelegt hatte.

Die Sterbebegleiterinnen unserer Zeit sind freiwillige Helfer, die Menschen in ihren letzten Tagen und Stunden trösten, liebevoll über die Schwelle begleiten und das Mysterium des Übergangs teilen.

Auch Tiere treten als Seelenführer in Erscheinung. In der nordischen Mythologie begleitet der Rabe die Seelen der gefallenen Krieger zu Odins Halle. In der Begleitung des Kriegsgottes Odin befinden sich die Raben Hugin (der Gedanke) und Munin (die Erinnerung). Ihre dunklen Schwingen überqueren die Brücke zur Vergangenheit und Zukunft und ermöglichen Odin, auf ihrem Flügelschlag die Zeit zu durchqueren. Sie gelten als Geistwesen der Mondsphäre, die mit der Reise der Seele in kosmische Sphären und ihrem Eintritt in einen neuen Lebenszyklus verbunden sind. In manchen Überlieferungen nehmen die Walküren die gefiederte Gestalt von Raben, Krähen oder Falken an.

Die keltische Mythologie weist die Biene als Seelenführerin aus.

Die Berichte über Nahtoderfahrungen ähneln sich auf viele Weise. Die Sterbenden werden abgeholt, mit Liebe erwartet und begleitet. Meist sind es Engelwesen oder Menschen, die sie kennen, ein Familienmitglied oder ein Freund, der den Weg ins Jenseits vor ihnen gegangen ist und nun die Aufgabe des Begleiters übernimmt. Viele berichten, dass sie gerne weitergegangen wären, jedoch von liebevollen Bindungen, unvollendeten Aufgaben oder Pflichten zurückgehalten wurden.

Geburt und Tod stehen sich als Anfang und Ende eines Lebenszyklus gegenüber und sind beide von weiblichen Kräften beschirmt. Die Hebamme steht dem Kind auf seiner Reise ins irdische Leben zur Seite, um es in die liebenden Arme von Mutter und Vater zu entlassen. Die Totenmutter und ihre Boten helfen dem Sterbenden, die körperliche Hülle zu verlassen und zeigen ihm als Empfangskomitee Menschen, die er geliebt und gekannt hat.

Totenwache und Begräbnisrituale

Der Abschied vom Toten in Form einer Totenwache hat sich vor allem in ländlichen Gebieten lange gehalten. Der Verstorbene wird liebevoll gewaschen und, in den Sonntagsstaat gekleidet, zu Hause aufgebahrt. Blumenschmuck und Totenlicht sind ebenso helfende Attribute für den Weg der Seele wie das Weihwasser, das jeder, der Abschied vom Verstorbenen nimmt, versprengt. Die durch Jahrtausende bezeugte Segnung durch Feuer und Wasser wird dem Verstorbenen zuteil. Das Licht der Kerze möge dem Verstorbenen den Weg weisen, das Wasser wird als Aspekt der Reinigung und Segnung für die Seele des Toten versprengt. Die Verwendung von Blumenschmuck findet sich bereits im Zusammenhang eines steinzeitlichen Totenlagers der Neandertaler in einer Höhle im heutigen Irak. Spiegelbildlich zur Geburt wurde hier zudem Beifuß gestreut, dem man als „Machtwurz“ die Kraft des Toröffners in jenseitige Dimensionen zuspricht. Überdies gewährt er der Seele Schutz vor Dämonen auf ihrer Reise in kosmische Sphären, wenn sie den Weg, den sie bei der Geburt genommen hat, zurückwandert. Drei Tage wird die Seele noch nahe bei ihrem irdischen Körper bleiben. In dieser Zeit halten die Familie und Freunde Totenwache, beten für seine Seele, erbitten

seinen Segen und halten stumme Zwiesprache mit ihm. Noch ist der Verstorbene nach altem Glauben so präsent und spürbar, dass wahrnehmungsfähige Menschen ihn „sehen" können, strahlend schön und unversehrt von Alter und Leid. Der duftende Rauch von Kräutern und Harzen bildet einen schützenden Schirm, in dem der Verstorbene in dieser verletzlichen Zeit des Übergangs und der Orientierung vor destruktiven Einflüssen geschützt ist. Räucherzeremonien begleiten in vielen Kulturen wichtige Stationen des Lebens. Auch im tibetischen Lamaismus spielen Räucherstoffe eine wichtige Rolle im Totenkult. Vollendet ein Familienmitglied sein Leben, so soll der duftende Rauch die Präsenz des Verstorbenen bei einer sakralen Zeremonie, die man für ihn abhält, gewährleisten. Mit Gebeten, Meditationen und Räucherritualen begleitet man den Toten auf eine andere Ebene des Daseins. Die noch erdgebundene Seele wird in dieser Zeremonie darin unterstützt, die Bindungen und Verhaftungen an den abgelaufenen Lebenszyklus zu lösen.
In der hinduistischen Tradition spielt Weißes Sandelholz als Begleiter der Seele eine wichtige Rolle. Der Baum ist dem indischen Gott Shiva geweiht. Begüterte Hindus werden nach ihrem Tod auf Scheiterhaufen des kostbaren, duftenden Holzes verbrannt, um der Seele den Übergang auf eine andere Seinsebene zu erleichtern und eine bessere Wiedergeburt zu ermöglichen. In vielen Kulturen zählt Hanf zu den traditionellen Begleitern der Totenzeremonien. Er versetzt die Hinterbliebenen in einen Zustand erhöhter Wahrnehmungsfähigkeit und eines meditativen Hinübergleitens in andere Seinsebenen, um dem Toten noch für kurze Zeit spürbar näher zu sein. In christlichen Abschiedszeremonien wird Weihrauch verräuchert. Er versetzt die Trauernden in eine meditative Stimmung, reinigt die Luft und begleitet die Seele.

Heute gewähren wir den Verstorbenen diesen wichtigen Abschied von den Menschen, mit denen sie verbunden waren, nicht mehr. Sie werden nach dem Ausstellen des Totenscheines rasch abgeholt und in Bestattungsinstituten aufbewahrt. Hygienevorschriften und die Tabuisierung des Schreckens Tod schaffen Distanz.

Nach Ablauf der Totenwache ist die Zeit gekommen, den Toten aus dem Haus zu tragen. Keltische und germanische Völker unseres Kulturraumes trugen den Toten nicht durch den üblichen Hauseingang, sondern durch ein eigens dafür geschlagenes Loch aus dem Haus, das unmittelbar danach wieder verschlossen wurde. So verhinderte man, dass der Tote unerwünscht über den gewohnten Hauseingang den Weg zurückfand. Die unerwünschte Rückkehr der Toten in den Kreis der Lebenden, ob als Geist oder Wiedergänger, war gefürchtet und hat in den überlieferten Totenriten Spuren hinterlassen. Sofort nach dem Ableben drückte man dem Toten die Augen zu und verhüllte oft auch sein Haupt. Derjenige, der diesen Totendienst ausführte, stand am Kopfende des Verstorbenen, damit er nicht in dessen Blickfeld geriet und der Tote ihn womöglich nachholte. Damit sollte auch verhindert werden, dass der Tote über die offenen Augen in seinen eben erst verlassenen Körper zurückkehrte und diesen auf widernatürliche Weise wiederbelebte. Die Furcht vor Wiedergängern und Toten, die den Weg ins Totenreich nicht weiterwanderten, sondern als Spuk unter den Lebenden verblieben, war groß.
Schwere Grabsteine sollten den Verstorbenen im Grab festhalten, dornenbewehrte Grabumfriedungen dienten demselben Zweck. Im Kulturraum der Alpenvölker sorgt ein Marterl am Ort eines gewaltsamen Todes für Versöhnung. Die Fesselung von Toten sollte die Wiederkehr ebenso verhindern wie die Fixierung durch einen Pfahl. Der Vampirglaube der slawischen Völker schlug sich in Gegenmaßnahmen gegen die gefürchteten Wiedergänger nieder. Neben Knoblauch und Kreuz war auch der Schwarzdorn ein wehrhafter Verbündeter gegen dunkle Mächte. Man nagelte die dornenbewehrten Zweige des dunklen

Hexenbaumes an Türen und Fenster. Einem alten Brauch gemäß verräucherte man in der Hauptdrudennacht (St. Otilie am 13. Dezember) Schlehdornzweige, Wacholder und Raute, um die gefürchteten Druden oder Druckgeister fernzuhalten, die uns noch in den Raunachtsüberlieferungen erhalten geblieben sind.

Die zahlreichen Hügelgräber, die archäologische Grabungen in verschiedenen Landschaftsräumen Europas freilegten, bezeugen die Heimkehr des Toten in den Schoß der Göttin. Seen, Moore, Höhlen oder eben der Holunder als Sippenbaum galten als Eingänge in das Reich der Muttergöttin. Die Erde selbst war der Schoß der großen Mutter, aus dem Leben geboren und am Ende wieder in ihn aufgenommen wurde. Die Erdgöttin wacht in der Erde über die Seelen der Verstorbenen, wo sie bis zu ihrer Wiederverkörperung im Schutz der Göttin ausruhen. Moore und Sümpfe waren den archaischen Völkern ebenfalls als Orte der Toten bekannt. Die keltischen Priester, die Druiden, versenkten ihre Opfer im Moor, um sie zur Göttin zu schicken. Als Schwellenbaum hütet der Holunder die Grenze zwischen der Menschenwelt und dem Reich der Andersweltlichen. Unsere Vorfahren tischlerten Särge aus Holunderholz, damit der Verstorbene auf diese Weise sicher behütet in Holles Reich gelangte. Der Kutscher, der den Sarg zum Friedhof fuhr, trieb sein Gespann mit einer Gerte aus Holunderholz an. Der Kranich, als Bote der Göttin Holle, begleitet die Seele nach einem Lebenszyklus wieder zurück in ihr Reich. Im Gegensatz zur christlichen Vorstellung der Hölle war das Reich der Göttin Holle eine helle jenseitige Welt, in der die Seele nach dem Tod Frieden fand. Mit dem Eintreffen kriegerischer Reitervölker aus dem Osten veränderte sich mit der Götterwelt auch die bevorzugte Bestattungsform. Sie brachten streitbare Himmelsgötter wie die Asengötter der nordeuropäischen Kultur mit sich. Nun stieg die Seele über den Rauch der Feuerbestattung in die Welt der Götter empor.

Seefahrende Völker schickten ihre Toten mit einem brennenden Schiff ins Reich der Toten. Eine solche Schilderung überliefert die germanische Mythologie mit der Bestattung des Lichtgottes Baldur.
Durch eine List Lokis, dem ewigen Unruhestifter und listigen Schelm der Asengötter, wurde Baldur, Odins Sohn, durch einen Mistelpfeil getötet. Baldurs Gattin, die Mondgöttin Nana, war so untröstlich über seinen Tod, dass sie an gebrochenem Herzen starb. Gemeinsam legte man das Paar auf das Bestattungsschiff, um die kostbare Last ins Reich der Totengöttin Hel zu schicken. Auf Baldurs Brust lag Odins magischer Ring Draupnir als Zeichen der Macht und als Pfand für einen ehrenvollen Platz im Totenreich. Im angelsächsischen Beowulfepos wird die Schiffsbestattung des Dänenkönigs Scyld geschildert. Dem Meer verbundene Völker wähnten das Totenreich im Meer oder jenseits des Meeres.

In keltischen Mythen taucht der Apfel als Symbol der Lebensernte auf. Avalon, das Apfelland, war die Insel der Seligen, das Land im Westen, das Paradies, in dem die Seele vor ihrem nächsten Lebenszyklus ausruhte. Bäume, als letzte Ruhestätten der Toten und Zuflucht der Seele, die dort ausruht, bevor sie ihre Reise über die kosmische Planetenleiter antritt, sind in verschiedenen Kulturkreisen überliefert. Die mythischen Überlieferungen Ägyptens berichten, dass der Leichnam des Sonnen- und Vegetationsgottes Osiris in seinem Sarg den Nil hinabtrieb, bis er am schilfbewachsenen Ufer der Stadt Byblos strandete. Eine Tamariske wuchs um den Sarg herum, bis sie ihn gänzlich in ihrem Stamm einschloss. In Afrika gilt der Baobabbaum als Tor zu anderen Seinsebenen, das die Seele auf ihrem Weg in das Reich der Toten durchschreiten darf oder auf dem Weg zu einer erneuten Inkarnation passiert. Die „Totenbäume“ auf unseren Friedhöfen bewachen die Ruhe der Toten und sollen sie wohl auch vor destruktiven Geistwesen schützen. Indigene Völker Nordamerikas bestatteten die Toten an heiligen Orten in Bäumen, verbunden mit der Natur und den Elementen. Die Baumbestattung findet heute in modifizierter Form in den Waldfriedhöfen statt.

Heute entscheidet man sich für eine Erd- oder Feuerbestattung, ohne an die Glaubensvorstellungen, die damit ursprünglich verbunden waren, zu denken. Der Industriezweig der Bestattungsunternehmen kümmert sich um die Details und der Ablauf wird, mehr oder minder religiös hinterlegt, vorgegeben. Während vorchristliche Religionen den Tod gleich der Geburt in den natürlichen Ablauf von Werden und Vergehen des Lebenszyklus eingebettet sahen, sehen patriarchalisch orientierte Religionssysteme ein lineares Leben, das entweder in himmlischer Glückseligkeit oder der Verdammnis der Hölle endet. Der Leichnam wird für die Bestattung zurechtgemacht, denn die Auferstehung beim jüngsten Gericht wird in der körperlichen Hülle erfolgen. Hier gibt es keinen Weg der Lernerfahrung für die Seele als unsterblicher geistig-göttlicher Funke, der allen Lebensformen innewohnt. In östlichen religiösen und philosophischen Gedankenmustern gibt das karmische Rad die Zyklen immer wiederkehrend vor. Im heidnischen Kessel der Erneuerung wird Leben in ständiger Bewegung der Dinge immer wieder hervorgebracht. Die beständige zyklische Wiederkehr steht der linearen Entwicklung von Tod einschließlich Bestrafung oder Belohnung nach dem Tod und einer fleischlichen Wiederauferstehung gegenüber.

Nach der Bestattung, die meist den religiösen Riten des Glaubens entspricht, dem sich der Verstorbene zeitlebens verbunden fühlte, ist es üblich, zum Totenmahl zu laden. Den Teilnehmern des Begräbnisses soll damit für ihre Anteilnahme gedankt werden und des Toten noch einmal in Geschichten und Anekdoten, die man einander beim Schmaus erzählt, gedacht werden. Totenfeiern im Mittelalter, auf denen es hoch herging, gesungen und auch getanzt wurde, waren sicherlich auch ein Weg, um von tiefer Trauer zurück ins Leben zu finden und den Toten mit diesen heftigen Emotionen nicht an das Reich der Lebenden zu binden. Dennoch waren sie den christlichen Vätern sosehr ein Dorn im Auge, dass sie sich veranlasst sahen, dem Treiben über Konzilsbeschlüsse (1231 Konzil von Rouen) ein Ende zu setzen.

Hausrat und Speise für das Jenseits

Die Gräber vergangener Kulturen sind archäologische Fundgruben. Die Grabbeigaben bezeugen die Lebensweise und Jenseitsvorstellungen längst vergangener Völker.

Hochrangige Wikinger wurden mit Speisen, Hausrat, aufwändigem Schmuck und kostbaren Gewändern begraben. Selbst Lieblingsfrauen und Sklaven dienten als lebende Grabbeigaben, um das jenseitige Dasein komfortabel zu gestalten.

Die ägyptischen Pyramiden sind gefüllt mit Grabbeigaben, die in Museen weltweit bestaunt werden können.

Zu den herausragendsten Beispielen bemerkenswerter Grabbeigaben zählt die Terrakotta-Armee des chinesischen Kaisers Qin Shihuangdi, die dem Herrscher 210 vor Christus für das Leben im Jenseits mitgegeben wurde.

Die Germanen legten Wert auf ordentliches Schuhwerk, das der Verstorbene trug, um den Totenweg zu beschreiten.

Die Kelten versorgten die Toten mit den lebensspendenden Speisen, die im Diesseits Fruchtbarkeit verhießen und den Toten als Wegzehrung für das Jenseits dienten. Apfel und Haselnuss waren die Speisen, die den Toten als Nahrung für den Weg ins Reich der Göttin mitgegeben wurden. Der heilige Nikolaus trägt noch heute diese lebensspendenden Speisen in seinem Gabensack.

Die Unterweltherrscher

Im Götterreigen jeder Kultur herrschen mächtige Gottheiten über das Reich der Schatten. In der kargen Winterregion der Alpen tritt der Aspekt der Göttin Holle als Totengöttin Perchta oder Berchta zutage. Die germanischen Stämme verehrten diesen Teil der Göttinnentriade unter dem Namen Hel. Von Odin selbst in die Unterwelt verbannt, regiert Hel in ihrem Reich, das man über die Gjöll-Brücke erreicht. Auch das Reich der Totengöttin trägt den Namen Hel. In der nordischen Mythologie ist sie als Tochter Lokis und der Riesin Angrboda überliefert. Andere Interpretationen sehen in Hel einen Teil der Triade, die von Freya als Liebesgöttin, Frigg als Muttergöttin und Hel als Totengöttin gebildet wird. Hel ist die dunkle Mutter, die durch den Schmerz von Abschied und Tod führt. Sie lehrt die Seele die unumgängliche Notwendigkeit von Verfall und Befreiung aus der irdischen Hülle.

In der griechischen Unterwelt herrscht Hades mit seiner Gattin Persephone über die Unterwelt. Im antiken Rom trägt Hades den Namen Pluto und Persephone wird als Proserpina verehrt. Auch Saturn, der römische Gott des Ackerbaus und des Rechts, steht mit dem Tod in Verbindung. Oft wird er als „Sensenmann“ dargestellt. Der Schnitter, der den Tod bringt, trägt den Keim der Erneuerung bereits in sich.

Die keltische Mythologie erzählt von Bran, dem Gottkönig, in dessen Kessel der Verwandlung die toten Krieger geworfen wurden, um am nächsten Tag wiederaufzuerstehen. In der christlichen Tradition

herrscht Luzifer, der gestürzte Engel, als Höllenfürst über ein Reich, das den Folterkammern der Schergen der Inquisition verblüffend ähnelt.
Die vorchristliche Wintergöttin, die dunkle Mutter, in deren archetypischem Prinzip sich Aspekte aller Unterweltherrscher spiegeln, begegnet uns nicht nur an der Schwelle des Todes. Mit ihrem Prinzip werden wir auch in Lebensphasen konfrontiert, die von Abschiedsschmerz und Ohnmacht geprägt sind. Ihre Weisheit und Lektionen sind die Mysterien von Tod und neuem Leben.

Holle/Berchta/Perchta

Die Wintergöttin des Alpenraumes, die dunkle Mutter der schicksalshaften Raunächte, hat selbst nach der Christianisierung standhaft ihren Platz behauptet. Die Göttin Holle, die unter verschiedenen Namen in ganz Alteuropa überliefert ist, tritt in Gestalt der Perchta als Totengöttin in Erscheinung. Wenn sie ihre Federbetten schüttelt, um Berg und Tal mit Schnee zu verhüllen, kehren Ruhe und Stillstand in der Natur ein. Als Wintergöttin ringt sie mit den todbringenden Kräften des letzten Abschnittes im Jahreszyklus, um der Wiedergeburt des Lebens den Weg zu bahnen. Als Anführerin der Wilden Jagd fegt sie mit ihrem Gefolge durch die frostklirrenden Nächte. Verirrte tote Seelen, Elben (Elfen) und vor allem ungetaufte Kinder, die die Kirchenväter des mittelalterlichen Europas zur leidvollen, ewigen Existenz außerhalb der Himmelspforten verdammt hatten, ziehen mit ihr durch die Lüfte. Die Frauen, unfähig, die Grausamkeit dieses Schicksals für ihre neugeborenen Kinder zu akzeptieren, wünschten sich die Geborgenheit im Reich der alten Muttergöttin, die, tief vergraben in unbewusster Erinnerung, noch immer ihren Platz als Seelenmutter hatte. Holle führt die Kinderschar in der magischen Zeit zwischen den Zeiten, in der allen Wesen der Übertritt durch die Tore der Seinsebenen gestattet ist, durch die Dunkelheit in ihr helles Reich. In der letzten Raunacht kehrt die dunkle Göttin mit ihrem Gefolge in die Häuser ein und prüft, ob Ordnung herrscht und das Gesinde den Flachs auf den Spinnrädern versponnen hat. Die Frau des Hauses erweist Perchta in der Nacht vom fünften auf den sechsten Jänner, in der sogenannten Perchtennacht, ihre Reverenz und ehrt die Göttin und Besucher aus ihrem Gefolge mit der „Perchtlmilch". Fand die Göttin ihre Gesetze eingehalten, so war das Haus das ganze Jahr über mit dem Segen der Fruchtbarkeit beschenkt und Holle kehrte mit ihrer Raunachtsschar zurück in ihr Reich jenseits der Welt der Menschen.

Hekate, die Göttin der Wegkreuzungen

Die griechische Göttin Hekate wird oft auf ihren Aspekt als dunkle Mutter reduziert und damit in der Gesamtheit ihres vielschichtigen Wesens missverstanden. Sie wird auch als die „dunkle Frau aus Afrika" bezeichnet, ein Name, der ihren Ursprüngen folgt. Vermutlich liegt ihr die ägyptische Geburtshelferin/Göttin Heqit, Heket oder Hekat zugrunde, die auf eine noch ältere ägyptische Göttin zurückgeht. In Griechenland wurde sie ursprünglich als Große Mutter in ihrer Triade als Selene, die Mondgöttin und Himmelskönigin, Artemis, die Jägerin und Erdgöttin, und Persephone, die mächtige Unterweltsherrscherin, verehrt. Andere Überlieferungen sehen sie auch als Trinität, die mit dem Mond in Verbindung steht und seine drei Phasen versinnbildlicht. Der zunehmende Mond steht für den jungfräulichen Aspekt der Göttin, der Vollmond für die Mutter und der abnehmende Mond/Neumond für die „Weise Alte".

Vorchristliche Kulturen betrachteten die Mondmutter als Hüterin der Kinderseelen, denen von christlichen Kirchenvätern als Ungetaufte die Abgründe jenseits des Himmels zugewiesen wurden. Die Mondmutter erhob diese Kinderseelen zu ihren Sternenkindern, indem sie ihnen einen Astralleib schenkte.

Hekate, die Mondmutter, schützt die Übergänge von Geburt und den Eintritt der Seele aus kosmischen Sphären über die Schwelle des Mondes ins irdische Dasein. Hekate, die dunkle Mutter, bewacht den Übergang von Leben zum Tod und führt die Toten in die Unterwelt. Sie wird mit zwei Fackeln dargestellt, mit deren Licht sie den Weg durch die Dunkelheit erhellt. Als mächtige Zauberin, Königin der Hexen und Göttin der Wegkreuzungen half sie Demeter, die von Hades in sein Reich der Schatten entführte Persephone aufzuspüren. Hekate beschützt alle Übergänge im Leben und hütet die Pforten zwischen den Seinsebenen. An Wegkreuzungen und Friedhöfen verehrte man die Göttin, deren Zaubergarten berühmt war. In diesem sagenumwobenen Garten wuchsen Kräuter, die von mächtigen Pflanzengeistern beseelt waren. Eines dieser Gewächse war der Überlieferung nach Schlafmohn (Papaver somniferum), der die Kulturgeschichte der Menschen seit Tausenden von Jahren als Heil- und Nutzpflanze begleitet. Er diente den Priesterinnen der Großen Göttin zur Wahrsagerei. Mohn schenkt den Schlaf des Vergessens und führt den Geist losgelöst von den Fesseln des Körpers in jenseitige Reiche. Hekate wurde mit Styraxräucherungen von ihren Priesterinnen rituell angerufen, um mithilfe des entspannenden Duftes in einen Zustand erweiterten Bewusstseins zu gelangen, der Weissagungen ermöglichte. Die zauberkundige Göttin soll auch Eisenhut, die stärkste Giftpflanze Europas, todbringend eingesetzt haben. Viele giftige Pflanzen in ihrem Garten weisen auf das Reich der Schatten, mit dessen Übergängen zur diesseitigen Welt die Göttin betraut ist.

Die Göttin Kali und ihr zerstörerischer Aspekt der dunklen Mutter

Kali zählt zu den ältesten Gottheiten der indischen Kultur. Sie ist älter als die Zeit, grenzenloser als der Raum, der Ursprung allen Lebens und aller Formen, die aus dem allumfassenden Ur-Sein entstehen. Kali ist als Beginn von allem überliefert, dessen Schöpferin, Hüterin und Zerstörerin sie ist. Sie ist das wirkende Prinzip hinter allen Erscheinungen, jeglichen Wandels und daraus resultierenden Zerstörungen. Unparteiisch, ohne den Aspekt von Strafe und Gnade ist sie das Sein, das sich ständig erneuert.

Vielfach wird Kali heute nur in ihrer Erscheinung als Zerstörerin, die alles verschlingt, wahrgenommen. Dementsprechend erwecken die furchteinflößenden Darstellungen der vierarmigen Göttin mit der schwarzen Haut, den hervorquellenden roten Augen und der herausgestreckten Zunge respektvolle Abscheu. Ihre Kleidung aus abgetrennten Armen und die Girlande aus Schädeln scheinen geradewegs in die Abgründe eines Bildes von Hieronymus Bosch zu führen.

Wer sich mit Kalis Geheimnis auseinandersetzt, erkennt den Tanz des Todes als Spender neuen Lebens, die zeitliche Begrenztheit jeder Form als dynamisches Prinzip der wandelbaren Schöpfung.

Der rote Weihnachtsstern zählt zu den Lieblingsopferblumen für die Göttin Kali.

Zauberpflanzen im Totenkult

Florale Grabbeigaben für die Reise in die jenseitige Welt finden sich bereits bei den Neandertalern. Auch wenn es abseits einer Totenstätte dieser Kultur mit pflanzlichen Zeugen der Trauer keine schriftlichen Aufzeichnungen darüber gibt, so versteht man doch unschwer, welche Botschaft die Blumen ausdrücken sollten. In jeder Kultur sind bestimmte Kräuter, Blumen und Bäume mit dem Gedenken an die Toten, dem Ahnenkult und den Gottheiten des Todes verbunden. Manche dieser Pflanzen sind seit Jahrtausenden in unserem Kulturraum beheimatet und ihre reichhaltige magische Vergangenheit ist mit uralter Symbolik verwoben. Diese Pflanzen sind Boten unserer Gefühle, mit denen wir den Verstorbenen über die Grenze des Todes hinweg verbunden bleiben. Sie raunen von der Hoffnung auf Wiederauferstehung, vom zyklischen Vergehen und neu geboren werden. Sie drücken unsere Trauer und Liebe aus, mit der wir die Toten verabschieden. Sie weisen den Toten einen dornenbefriedeten Raum zu, um sie in ihren Gräbern zu halten und ein Erscheinen in der gefürchteten Form der Wiedergänger zu verhindern. Sie schmücken die Gräber, bewachen die Ruhe der Verstorbenen und sprechen von unserer Wertschätzung für sie. Nicht zuletzt tröstet ihre sanfte Gegenwart auch unser trauriges Herz, wenn wir von geliebten Verstorbenen Abschied nehmen.

Die Eibe

Eiben sind Schwellenbäume an den Toren zur Welt der Ahnen und Geistwesen. Alle Völker, die mit der Eibe und ihrer todbringenden Wirkung vertraut waren, weihten sie den dunklen Gottheiten des Todes. Die griechische Mythologie verknüpft den ernsten, strengen Baum mit Hekate, der Königin der Hexen und Göttin der Wegkreuzungen. Als Wächterin der Übergänge wurde Hekate an den Schwellen der Lebensphasen angerufen. Ihr opferte man auf Friedhöfen und an Kreuzungen. Die Germanen verehrten den Baum der Ewigkeit als jenes heilige Pflanzenwesen, das mit ihren geheimen, kultischen Zeichen – den Runen – in Verbindung stand. Eiwaz, die Eibenrune, steht für den

Zyklus von Tod und Wiedergeburt. Die Kelten sahen in der Eibe einen Baum des Todes und wähnten sie aufgrund ihres hohen Alters mit der Ewigkeit verbunden. Nach der Christianisierung gliederte die Kirche den Baum als Symbol der Auferstehung in ihre Riten ein. In dieser Bedeutung finden sich Eibenzweige als magische Begleiter im österlichen Palmbuschen. Im Gebrauch als Friedhofsbaum klingt heute noch der archaische Bezug zur Ewigkeit nach. Auch ihre Schutz- und Wächterfunktion scheint die Eibe hier noch immer zu erfüllen, selbst wenn man ihre Zweige nicht mehr mit ins Grab legt, um die Verstorbenen vor Geistern zu schützen.

Wacholder

Seinen Ruf als Totenbaum verdankt dieser heilige Schutz- und Wächterbaum vorchristlicher Zeit vermutlich dem germanischen Brauch, die Toten auf Scheiterhaufen aus Wacholderholz zu verbrennen. Dabei soll der Baum die Seele des Verstorbenen bei ihrem Übertritt in eine andere Realität geschützt haben. Im grimmschen Märchen vom Machandelboom, das vieles vom Weltbild unserer Ahnen widerspiegelt, findet die Seele eines verstorbenen Kindes Schutz im Wacholder und darf von diesem Zufluchtsort ins Leben zurückkehren.

Thuje

Die im 16. Jahrhundert aus Amerika eingebürgerte Thuje ist mittlerweile ein klassischer Hecken- und Friedhofsbaum. In beiden Funktionen tritt die Thuje, die keine Verbindung zu heidnischer Pflanzenmagie hat, in die Fußstapfen des Wacholders. Der ernste, strenge Gesamteindruck des Baumes sowie die immergrünen Zweige, die als Symbol für ewiges Leben gelten, prädestinieren die Thuje als Wächterbaum für die Ruhe der Toten.

Efeu

Die sich aus den Schatten ans Licht emporwindende Kletterpflanze ist ein archaisches Relikt längst versunkener Erdzeitalter. Die Heimat dieses mystischen Pflanzenwesens waren die riesigen Lorbeerwälder des Tertiär. Aus dieser Epoche vor rund 150 Millionen Jahren überdauerte der Efeu mit bemerkenswerter Anpassungsfähigkeit über die Eiszeit hinaus bis in das Klima der Gegenwart. Der widersprüchliche Symbolgehalt des Efeu ist erstaunlich und seltsam geheimnisvoll. Als Symbol der immerwährenden Liebe und Treue begleitet Efeu die Liebe von Tristan und Isolde, die in einer mittelalterlichen Dichtung unsterblichen Ruhm erlangte. In Ägypten, der Heimat des monumentalen Totenkultes der Pharaonen, war die Pflanze mit dem Unterweltgott und Magier Osiris verbunden, dem Gemahl der Göttin Isis. Den ersten Christen galt Efeu als Symbol der Unsterblichkeit. Verstorbene wurden auf Efeublätter gelegt, während jene Toten, die nicht dem christlichen Glauben angehörten, auf Zypressenzweigen bestattet wurden.

Heidekraut

Der anspruchslose Zwergstrauch mit den bezaubernden Blüten ist in den meisten Ländern Europas heimisch. Aus dem Blut erschlagener Krieger soll das Kraut entsprossen sein und seitdem die einsame Landschaft und die Hügelgräber der Helden mit einem blühenden Teppich überziehen. Die robusten, holzigen Heidepflanzen, die den rauen Bedingungen karger Berglagen ebenso trotzen wie feuchten Mooren, bewachen die Ruhe der Hügelgräber, wenn der Sturm über die Heide tobt. Als herbstlicher Grabschmuck hat sich das Heidekraut längst einen Platz auf den Friedhöfen erobert. Das Kraut trägt das Charisma der schweigenden Heidelandschaft in sich. In der Blumensprache bedeutet das Heidekraut Einsamkeit, die man liebt.

Rosmarin

Die beliebte aromatische Gewürzpflanze, deren ursprüngliche Heimat im Mittelmeerraum zu finden ist, wurde auf Anordnung Karls des Großen über die Alpen in heimische Klostergärten gebracht, um hier betreut und nutzbar gemacht zu werden. Über Jahrhunderte hinweg war die Verwendung dieses Pflanzenwesens gleichermaßen vielfältig wie gegensätzlich. Als Symbolpflanze im Brautstrauß – wie im Abschnitt „Pflanzenzauber im Brautstrauß“ beschrieben – trat Rosmarin ebenso in Erscheinung wie als magisches Kraut im Totenkult. Im Totenkranz ist diese feuerbeseelte Heilpflanze als Sinnbild für das ewige Leben und als Zeichen immerwährender Erinnerung überliefert.

Der ewige Kreislauf von Leben und Tod, Liebe, Freude und Abschiednehmen findet im Gebrauch des Rosmarin seinen Ausdruck. In Trauerphasen helfen die Duftimpulse von verräuchertem Rosmarin dabei, Abschied zu nehmen, loszulassen und zurück zur Freude des Lebens zu finden.

Chrysantheme

Die Chrysantheme ist ein farbenfroher Einwanderer aus Asien, der aus dem Totengedenken zu Allerheiligen nicht wegzudenken ist. Ein schottischer Botaniker namens Robert Fortune brachte im 19. Jahrhundert die ersten Exemplare nach England. Heute gibt es dank züchterischer Bemühungen über 5.000 Arten des hübschen Herbstblühers. Wenn schon nicht ihre Herkunft, so passt doch die besondere Verbindung der Chrysantheme mit der Zahl Neun sehr gut in unsere heidnische Zahlenmystik. In unserer heimischen pflanzenmagischen Überlieferung bedeutet die Zahl Neun vollendete Harmonie und Ausdruck der heilenden, nährenden Kraft der vorchristlichen Muttergöttin. Im alten chinesischen Kalender feiert man am neunten

Tag des neunten Monats den Chrysanthementag. In Japan ist die Chrysantheme das Symbol des Kaiserhauses. Der kaiserliche Thron wird Chrysanthementhron genannt. In der Symbolik dieser Pflanze finden sich Begriffe wie Mut, Totengedenken, ewige Liebe und Vollkommenheit. Im Gebrauch als Grabschmuck drückt sie die liebevolle Erinnerung und Wertschätzung für Verstorbene aus.

Immergrün

Das kleine, widerstandsfähige Immergrün mit den bezaubernden violetten Blüten zählt zu den beliebtesten Grabbepflanzungen. Als „Totenblume“, „Dauergrün“ und „Ewiggrün“ bekannt, ist diese Zauberpflanze der Druiden ein Symbol für ewiges Leben und Tod. Als Grabschmuck birgt es auch die Bedeutung der ewigen Treue und Verbundenheit.

Zypresse

Bereits in der Antike wurden Zypressen auf Kult- und Grabstätten gepflanzt. Sie waren das Symbol des mächtigen Gottes Hades, der die Unterwelt beherrschte. Lethe, der Fluss des Vergessens in der Unterwelt, soll an den Wurzeln einer Zypresse entspringen. In der christlichen Kultur steht der Baum mit dem saturnischen Flair der Ernsthaftigkeit als stummer Wächter der Ruhe der Toten auf den Friedhöfen. In Italien war die Zypresse jahrhundertelang ausschließlich an den Ruhestätten der Toten als Sinnbild für Trauer und die Unsterblichkeit der Seele zu finden. Erst ab der Renaissance pflanzten begüterte Villenbesitzer Zypressen in die Gärten und Alleen der Toskana.

Ritual: Abschied von einem Verstorbenen

Es ist schwierig, den Abschied von einem Verstorbenen außerhalb der dafür vorgesehenen gesetzlichen und religiösen Vorgaben zu gestalten. Möchte man den Toten konventionell auf einem Friedhof bestatten, so eignet sich eine private Abschiedsfeier in Räumen, die dem Verstorbenen vertraut waren.

Ablauf der Zeremonie:

- ✧ Die Kreisformation, in der alle, die an dieser Feier teilnehmen, sitzen, spiegelt den natürlichen Kreis des Lebens.
- ✧ In der Mitte wird ein Tisch platziert, auf dem ein Foto des Verstorbenen seine Gegenwart sichtbar präsent macht.
- ✧ Ein Räucherstövchen, auf dem seine Lieblingskräuter und Harze verglimmen, zieht den Verstorbenen nach tibetischer Überlieferung an.
- ✧ Die Lieblingsmusik des Toten dient demselben Zweck.
- ✧ Der Raum kann zusätzlich mit Blumen, die der Tote besonders mochte oder Gegenständen, die er liebte, geschmückt werden.
- ✧ Die Teilnehmer nehmen der Reihe nach Abschied, indem sie:
  - eine Anekdote erzählen, die mit dem Toten im Zusammenhang steht,
  - darüber sprechen, was sie an ihm geschätzt haben,
  - erzählen, worin der Verstorbene ein Lehrer und Wegweiser für sie war,
  - erzählen, wofür sie ihm danken möchten,
  - mit Texten und Gedanken, die sie dem Toten vorlesen möchten, an ihn erinnern,
  - erzählen, warum sie ihn als Freund, Vater, Mutter usw. geschätzt haben.

- Erinnerungen an den Toten können ebenfalls auf den Tisch in der Mitte gelegt werden.

Singen Sie gemeinsam ein Lied für den Toten und trinken Sie ein Glas auf die Erinnerung an ihn und die Wertschätzung, die Sie ihm entgegenbringen.

Denken Sie daran: Diese Feier dient den Lebenden, die zurückbleiben dazu, den Verstorbenen gebührend zu verabschieden und gehen zu lassen, damit er seinen Weg ohne unnötige Haftung weitergehen darf.

Ahnenverehrung und Totengedenken

In der Spiritualität vieler Kulturen nimmt der Respekt vor den Ahnen und ihre Verehrung einen wichtigen Platz ein. In China zählen der meditative Austausch mit den Ahnen und ihre Verehrung zum jahrtausendealten Fundament der Familie. Afrikanische Volksgruppen wie die Massai in Kenia oder die Himba in Namibien leben heute wie vor Zeiten in respektvoller Achtung ihrer Traditionen. Gleich unseren keltischen, germanischen und slawischen Vorfahren prägt das Bewusstsein um die beseelte Natur ihr Leben. Die Himba verehren den Schöpfergott Mukuru, der seine Kraft in allen Erscheinungsformen der Schöpfung manifestiert. In der Kommunikation mit Mukuru spielen die Ahnen eine entscheidende Rolle. Sie stehen in direktem Kontakt mit dem Gott und tragen als Mittler die Gebete, Danksagungen und Anliegen der Menschen an ihn heran. Das Wohlergehen der Menschen und der kostbaren Viehherden steht ohne den Segen der Ahnen unter einem schlechten Stern. Zollt man ihnen nicht den gebührenden Respekt, so kann das in Form von Krankheit und Unglück fatale Folgen nach sich ziehen. Der unerschütterliche Glaube an die Unterstützung der Ahnen drückt sich selbst in der Körperhaltung aus. Während Menschen westlicher Kulturen mit vorgeneigtem Körper durchs Leben hasten, stets auf ein rasches Vorankommen und die Ziele der Zukunft fixiert, zeigen in uralte Traditionen eingebundene Mitglieder dieser Volksgruppen oft eine nach hinten geneigte Körperhaltung, in der sicheren Gewissheit, von den Ahnen gestützt zu werden. Die Führung der Ahnen zeigt sich über die Kommunikation mit den Alten des Stammes, die den weisen Rat der Vorangegangenen übermitteln. Im Dorf brennt das heilige Ahnenfeuer Okurowo, über das der Hüter des Feuers sorgsam wacht, damit die Flammen niemals erlöschen. Im Rhythmus von sieben bis zehn Tagen sitzt der älteste männliche Verwandte am Ahnenfeuer, um die Bitten, Sorgen und dringenden Anliegen seiner Verwandten über den Rauch des Feuers an die Ahnen heranzutragen. Der Älteste bittet die Ahnen um Rat und Führung, die sie als Verbindungsglied zu Mukuru und dessen göttlicher Weisheit geben. Er ruft den Namen des zuletzt Verstorbenen und in weiterer Folge die Namen aller Ahnen seiner Familie, soweit seine Erinnerung ihn zurückträgt. Wäre er imstande, die ununterbrochene Kette seiner Ahnen zurückzuverfolgen, so stünde Mukuru selbst am Beginn dieser Ahnenreihe. Afrikanische Naturreligionen, die der Ahnenverehrung einen wichtigen Platz einräumen, fühlen sich mit der langen Kette ihrer Familienmitglieder auf eine Weise verbunden, die dem westlichen Bewusstsein verschlossen bleibt. Die Ahnen haben nicht nur das Fundament des Stammes gebaut und die Menschen durch Zeiten der Not und Bedrängnis geführt, sondern bilden für die Lebenden auch einen sicheren Schutzwall, an den man sich vertrauensvoll anlehnt. In der Spiritualität der Kelten und Germanen nimmt der Respekt vor den Ahnen ebenfalls einen wichtigen Platz ein. Reste der kultischen Verbindung zu den Ahnen finden sich noch in unseren Raunachtsüberlieferungen, die vieles von den Wurzeln unserer Kultur „erahnen“ lassen. Das Raunen der Ahnen und wohlmeinender Geistwesen soll in den Zwölf Heiligen Nächten hörbar sein und Schutz und Führung in eine segensreiche Zukunft bieten. Das Flüstern der Ahnen, die spürbare Verbindung zu ihnen, war für unsere Vorfahren ein wichtiger Begleiter in diesen Tagen, um Hinweise und „Ahnungen“ für die Gegenwart und Zukunft zu erhalten. Der 24. Dezember stand vor der Christianisierung mit den weisen alten Schicksalsgöttinnen in Verbindung. Die Mutternacht oder Modranecht ist der weiblich mütterlichen Energie und ihrer Magie, Leben hervorzubringen, geweiht. In dieser Weihenacht verbindet man sich mit den „Disen“, den Urmüttern aus der weiblichen Ahnenlinie, die die Sippe mit ihrer Erfahrung nährten und schützten. Die „Weise Alte“, die in ihrer archetypischen Form als dunkle Mutter den letzten Lebensabschnitt prägt, hütete das Feuer, den zentralen Platz der Familienenergie. Sie war mit den heilenden Kräften der Pflanzengeister vertraut und kommunizierte mit der Welt der Geister. Ihr Geist löste sich bereitwillig aus den Fesseln eines brüchig gewordenen Körpers, um sich im Tanz der Flammen in andere Realitäten zu träumen. Sie band die Geschichte des Stammes in Erzählungen, die von Generation zu Generation weitergegeben wurden. Mit dieser Kunde verband sie Vergangenheit mit Gegenwart und verwob beides mit der Zukunft. Die Fundamente, die unsere Ahnen gebaut haben, sind die Säulen, die uns noch immer tragen. Frau Holle ist die Herrin der Disen, das mütterliche Urprinzip hinter jeder weiblichen Ahnenlinie.

Am Heiligen Abend binden wir die Ahnen in den Kreis der Familie ein, indem wir Lichter und einen kleinen Christbaum auf Gräber stellen. Der Christbaum als Nachfolger des heidnischen „Berchtlboschn's“ kündet von immerwährender Lebenskraft, und dem ewigen Kreislauf von Geburt – Werden – Tod und Wiedergeburt.

An diesem Abend stehen in vielen Fenstern oder vor den Hauseingängen Laternen, um den Ahnen den Weg zu weisen.

Zu Allerheiligen, dem keltischen Samhain, wurde bereits in vorchristlicher Zeit der Ahnen gedacht. Es ist ein Schwellenfest, an dem nach uralter Überlieferung die Nahtstellen zwischen den Welten brüchig und durchlässig sind. Zu Samhain, dem Tor zum Winter, öffnet sich auch die Pforte zum Reich der Andersweltlichen und allen Wesen ist der Übertritt in andere Seinsebenen möglich. In der Nacht vom 31. Oktober zum 1. November soll nach altem Glauben die Begegnung mit den Ahnen und Geistwesen aus anderen Seinsebenen möglich sein. In der Nacht zu Samhain gab es eine spürbare Verbindung zu ihnen. Ihr Flüstern und Raunen erzählte von Geheimnissen und verborgenen Dingen hinter den Schleiern. Ihr Wispern wurde zu „Ahnungen" und brachte Gewissheit für anstehende Entscheidungen. Die Ahnen wurden mit Speisen, die man für sie bereitstellte, in den Kreis der Lebenden eingeladen und als Teil alles Seienden im Kreis des Seins geehrt. In dieser Nacht der Begegnung zwischen Lebenden und Toten herrschte jedoch auch Furcht vor jenen Geistern, die sich möglicherweise an den Lebenden rächen wollten. Schlag Mitternacht ziehen sich die Geister wieder in ihr jenseitiges Reich zurück.

Papst Gregor IV legte 835 Allerheiligen auf den ersten November fest. 1006 wurde der zweite November als Gedenktag aller Seelen etabliert. Nach altem Brauch soll das Licht für die Verstorbenen an beiden Tagen durchgehend im Herrgottswinkel brennen. Der Volksglaube überliefert, dass zu Allerheiligen die Gräber am Kirchhof leer sind und auch keine Seele der Buße im Fegefeuer ausgesetzt ist. Die Toten ziehen umher, um die Orte, an denen sie ihr Leben verbracht haben, aufzusuchen. Wenn ihre Freiheit um Mitternacht endet, kehren sie in ihre Gräber oder das Fegefeuer zurück. Für die Seelen im Fegefeuer besteht Hoffnung, denn schon manch einer wurde an diesem Tag durch gottgefällige Werke der Angehörigen erlöst. An diesen Gedenktagen im November brennen Kerzen zur Erinnerung an die Toten, deren Lebensweg mit unserem verknüpft war, auf den Gräbern. Sobald die

Dunkelheit hereinbricht, scheint ein Meer von Lichtern die vielen Seelen, die den Weg im Lebenskreis vor uns gegangen sind, widerzuspiegeln. Wieviel Freude und Hoffnung, Liebe und Güte, Hass und Unversöhnlichkeit, Schmerz und Trauer, Lebenserfahrung und Weisheit flackert und schimmert verborgen in diesem Lichtermeer? Denn nichts vergeht, was einmal war, scheinen die Lichter zu wispern. Aus jeder Zerstörung entspringt der Same für neues Leben.

Meditatives Innehalten: Das Raunen der Ahnen

Wenn Sie sich in einem meditativen Zwiegespräch mit einem besonderen Ahnen oder Ihrer Ahnenlinie verbinden wollen, können Sie Ihren Geist mithilfe von Pflanzenwesen auf Reisen schicken.

Folgende Räucherstoffe eignen sich als Brücke in die Anderswelt:

Beifuß: öffnet die Pforten zum Unbewussten und zu anderen Seinsebenen

Erdrauch: schafft eine Brücke zu den Ahnen

Holunderholz und -blüten: verbinden als Sippenbaum mit der Ahnenlinie

Myrrhe: steht für die weibliche Energie

Styrax: Orakelstoff der Priesterinnen der Göttin Hekate

Rosenblüten: erzeugen eine Atmosphäre der Liebe und des Vergebens

Weihrauch: steht für die männliche Energie

✧ Verräuchern Sie die ausgewählten Pflanzensubstanzen am Rand des Siebes Ihres Räucherstövchens, um sich vom Duft entspannen und in die eigene Mitte führen zu lassen.

- Wählen Sie als Ort für Ihre meditative innere Reise einen Platz in der Natur oder im Haus, der Sie besonders an einen Menschen aus Ihrer Ahnenlinie erinnert.
- Entzünden Sie eine Kerze und stellen Sie sie vor sich hin. Schauen Sie in die Flamme, um sich hinüber in die Welt der Ahnen zu träumen.
- Atmen Sie tief und ruhig.
- Entspannen Sie sich.
- Laden Sie die Ahnen zu einem Zwiegespräch ein. Öffnen Sie Ihr Herz, um ihr Raunen zu hören.
- Bitten Sie um ihren Rat und ihre Hilfe.
- Gehen Sie mit der Energie, die Sie wahrnehmen, in Resonanz und meditieren Sie über folgende Aspekte:
- Welchem Ahnen fühlen Sie sich besonders nahe?
- Wie prägt das Leben dieses Ahnen Ihr eigenes?
- Wie fühlt sich die Energie Ihrer weiblichen/männlichen Ahnenlinie an?
- Welche Themen tauchen bei Ihren Ahnen/Ahninnen immer wieder auf?
- Welche Themen spüren Sie in dieser Verbindung zu Ihnen?
- Wo bedarf es der Kraft der Versöhnung?
- Welchen Ihrer Ahnen möchten Sie liebevoll umarmen und welchem danken oder Abbitte leisten?
- Denken Sie an Ihre Eltern, Großeltern und an Ahnen, die Sie möglicherweise davor noch gekannt haben.
- Lassen Sie die Gefühle, die dabei aufsteigen, ohne Anspannung kommen und gehen.
- Wen halten Sie mit starken Emotionen und Trauer noch erdgebunden zurück?
- Fühlen Sie die Liebe, Güte, Weisheit und Kraft, die Sie aus dem Kreis Ihrer Ahnen umgibt.

- ✧ Träumen Sie sich noch weiter zurück und bitten Sie die Urmutter und den Urvater Ihres Clans, zu Ihnen zu kommen.
- ✧ Öffnen Sie Ihr Herz für ihre Weisheit.
- ✧ Fühlen Sie ganz bewusst Ihre Liebe und Dankbarkeit für Ihre Ahnen, die in ihren positiven und negativen Auswirkungen einfach Lehrer für Sie waren.
- ✧ Verabschieden Sie sich schließlich von Ihren Ahnen und danken Sie ihnen für das Fundament, das sie Ihnen gebaut haben.

Abschied und Tod im Spiegel des Jahreskreises

Der Winter im Leben bricht an. Nach Aktivität lehrt die Natur uns nun Passivität, Verlangsamung und den Rückzug in uns selbst. Es ist Zeit, sich mit dem Schwinden der Kraft auf körperlicher und geistiger Ebene auseinanderzusetzen. Die Natur zeigt uns in dieser jahreszeitlichen Phase die Notwendigkeit des Loslassens, die Reduzierung auf die Essenz, aus der, gereinigt von überflüssig Gewordenem, Neues entstehen darf.

Die Zeit der dunklen Mutter bricht an. Sie spüren wir in dieser Phase unseres Lebens, die von Abschied und Rückzug geprägt ist. Die Natur zeigt uns aber auch mit jedem Jahreszyklus, den wir mit ihr durchwandern, dass die unzerstörbare Essenz aller Lebensformen in neuem Kleid im nächsten Zyklus wiederkehrt.

7

Rituelles Räuchern

Rituelles Räuchern

Viele rituelle Abläufe werden seit jeher in unterschiedlichen Kulturen mit dem duftenden Rauch verglimmender Kräuter begleitet. Räuchern war ein selbstverständlich integrierter Bestandteil religiöser und meditativer Praktiken. Pflanzen sind mit verschiedenen Gottheiten verbunden und wurden verräuchert, um diese spezielle göttliche Präsenz zu spüren. Mit dem Rauch zogen Bitten und Gebete in die Welt der Götter, wurden schamanische Reisen initiiert oder ein meditativer Rückzugsraum abseits des fordernden Alltags geschaffen. Beim Verglimmen des Pflanzenkörpers wird der Duft im aufsteigenden Rauch freigesetzt und nicht nur als sinnlicher Genuss, sondern auch als feinstoffliche Kraft oder Wesenheit der Pflanze wahrgenommen. Räucherrituale ermöglichen uns das notwendige Besinnen und Verweilen, das für rituelle Arbeit unabdingbar ist. Gleichzeitig erlauben sie uns, in unserer Mitte zu ruhen und unsere Aufmerksamkeit zu fokussieren. Pflanzen schaffen eine Brücke zwischen dem Diesseits und den jenseitigen Reichen, die wir mit ihrer Hilfe besser wahrnehmen und verinnerlichen können. Das Konzept, mithilfe des duftenden Rauches Pflanzenkräfte zum Träger von Botschaften zu machen, funktioniert jedoch auch im umgekehrten Sinn. Über den Informationskanal der verglimmenden Pflanzen gelangen Informationen des Pflanzenwesens zu uns und treten mit ihrer heilsamen ausgleichenden Kraft mit uns in Verbindung. Für viele Rituale in diesem Buch ist die Begleitung mit Räucherkräutern zur Erhöhung der Wahrnehmungsfähigkeit, Entspannung oder Verbindung zur archetypischen Kraft einer Göttin vorgesehen.

Bei der sanften Verglimmung der Pflanzen, wie es auf dem Edelstahlsieb eines Räucherstövchens geschieht, ist der Duft ohne große Rauchentwicklung über einen langen Zeitraum sehr intensiv erfahrbar. Man erfährt die Antwort des Unbewussten als Reaktion auf den Duft unmit-

telbar. Überdies entfällt das Warten auf das Durchglühen der Kohle. Diese Art des Verräucherns ist in den Ritualen vorgeschlagen.
Wenn Sie jedoch die archaische Methode der Verräucherung von Pflanzensubstanzen auf Glut vorziehen, die Sie nicht nur mit den Wurzeln unserer Kultur verbindet, sondern überdies eine sehr mystische, andersweltliche Stimmung erzeugt, so steht dem nichts im Wege.

Das Wesen der Bäume und die Resonanz, die ihre Energie in uns fördert

Ahorn:	Kreativität, Reinheit, Schutz
Apfelbaum:	Fruchtbarkeit, Liebe, ewige Jugend, Fülle
Birke:	Neubeginn, Fruchtbarkeit, Schamanenbaum
Birnbaum:	Liebe, Fruchtbarkeit, Glück, Reinheit
Buche:	Weisheit, Lernen, Kreativität in Wort und Schrift
Douglasie:	Ruhe, Weisheit, Geduld, Fürsorge
Eberesche:	Lebenskraft, Magie, Schutz
Efeu:	immerwährende Liebe und Treue, Unsterblichkeit, unverbrüchliche Freundschaft
Eibe:	Tor zur geistigen Welt, Symbol der Auferstehung, Werden – Wachsen – Vergehen
Eiche:	Mut, Stärke, verbunden mit Zeus, Jupiter, Brigid und Thor
Erle:	Magie, Krieger
Esche:	Fruchtbarkeit, Macht des Wassers, Wiedergeburt
Feigenbaum:	Beharrlichkeit, Beständigkeit, Einklang
Fichte:	Fruchtbarkeit, Lichtbaum, Schutz, immerwährende eheliche Gemeinschaft

Ginkgo: Urkraft des Lebens, Ammenbaum
Hainbuche: Zähigkeit, Schutz, Vertrauen in die eigene Kraft
Haselnuss: Magie, Verbindung zu Energieströmen der Erde, Weisheit
Holunder: Verbindung mit der Göttin Holle, Sippenbaum, Schwellenbaum zur geistigen Welt
Kiefer: Durchhaltevermögen, Lichtbaum, Lebenskraft, Mut, Schutz
Kirschbaum: Attribut der Mondgöttin, Reinheit, Unschuld, Fruchtbarkeit
Lärche: Baum der „Saligen Frauen", Schutz, Vertrauen in den Fluss des Lebens, Leichtigkeit
Linde: Liebe, Familie, Mütterlichkeit und Gemeinschaft
Lorbeerbaum: Sieg, Ruhm, Unsterblichkeit
Magnolie: Anmut, Reinheit, Schönheit, Liebe
Mandelbaum: Licht, Liebe
Olivenbaum: Friede, Versöhnung, Weisheit
Orangenbaum: die Leichtigkeit des Seins, Wohlstand, Glück
Pappel: Tor zur geistigen Welt, Verbindung zur Feenwelt, Hexenbaum
Pflaume/ Zwetschke: Entschlossenheit, Glück, Erneuerung, Baum der Samurai
Platane: Mittelpunkt der Gemeinschaft, Erneuerung, Ausgeglichenheit
Rosskastanie: Kommunikation, Lebensfreude, Fülle, Fröhlichkeit
Schwarzdorn: Schutz, Licht und Schatten
Stechpalme: Schutzbaum für Haus und Hof, Baum der Feen, Elfen und Kobolde
Tanne: Mut und Stärke, verbunden mit den alten Muttergöttinnen

Thuja: Schutz, Selbstbestimmung
Ulme: Feenbaum, Wohnort der Träume
Wacholder: Schutz, Tor zwischen den Welten
Walnussbaum: Orakelbaum, wird gerne zur Geburt des Stammhalters gepflanzt
Weide: Lebensrute, Fruchtbarkeit
Weißdorn: pflanzliches Sinnbild der jungen Vegetationsgöttin, mit dem heiligen Gral, Merlin und der Fee Viviane verbunden
Zeder: Weisheit, Erhabenheit, Stärke
Zirbelkiefer: Geborgenheit, Schutz

In folgenden Büchern finden Sie eine Fülle an Informationen über Bäume mit ihren forstwirtschaftlichen, volksmedizinischen und magischen Aspekten. Mythen, Legenden sowie meditative Texte führen Sie auf eine inspirierende Reise in die Welt der Bäume:
Renate Kauderer: „Heimische Bäume – Ihr Wesen erkennen und ihre Botschaft verstehen"
Renate Kauderer: „Bäume aus aller Welt – Kraft und Inspiration aus der Natur"
Renate Kauderer: „Was Bäume raunen – Baumorakel als Brücke zur inneren Weisheit"

Namen: Ihre Bedeutung und Herkunft

Name	Herkunft	Bedeutung
Adelheid/Heidi	althochdeutsch	von edlem Wesen
Adriana/Aria	griechisch	die Frau aus Adria
Agnes	griechisch	die Reine
Alexander/Alexandra/Sandra	griechisch	der Beschützer/die Beschützerin
Alice	althochdeutsch	die Edle
Andreas/Andrea	griechisch	der/die Tapfere
Angelika/Angelina	griechisch	der Engel/der Bote
Annika/Anna	hebräisch	die Anmutige
Anton/Antonia	lateinisch	der/die Unschätzbare
Arne	germanisch	der Adler
Arthur	keltisch	der Bär
Astrid	altnordisch	göttliche Schönheit/Stern
Barbara	lateinisch	die Fremde
Beate	lateinisch	die Glückliche
Benedikt	lateinisch	der Gesegnete
Benjamin	hebräisch	Sohn des Glücks
Bianca	italienisch	die Weiße
Brian	keltisch	der Starke
Brigitte/Birgit	keltisch	die Erhabene
Burkhard	althochdeutsch	der starke Beschützer
Carmen	hebräisch	der Garten
Caspar	persisch	der Schatzmeister
Cedric	keltisch	der Liebenswürdige
Charlotte	althochdeutsch	die Kriegerin
Christian/Christine	lateinisch	der Christ/die Christin
Christoph	lateinisch	der Gesalbte
Clara/Klara	lateinisch	die Leuchtende
Claudia	lateinisch	die Verschlossene
Clemens	lateinisch	der Milde

Connor	irisch	der Hundeliebhaber
Dagmar	slawisch	die Friedliebende
Daniel/Daniela	hebräisch	von Gott gerichtet
David	hebräisch	der Geliebte
Denise	griechisch	die Fröhliche
Dieter	althochdeutsch	der Herrscher des Volkes
Dominik	lateinisch	zum Herrn gehörend
Doris	griechisch	das Geschenk
Elias	hebräisch	mein Gott ist Jahwe
Elisabeth	hebräisch	Gott ist Vollkommenheit
Emely/Emily	lateinisch	die Eifrige
Emma	althochdeutsch	die Erhabene
Erik	nordisch	der alleinige Herrscher
Evelin	französisch	der Vogel
Fabian	lateinisch	aus dem Geschlecht der Fabier
Felix/Felicitas	lateinisch	der/die Glückliche
Fiona	gälisch	die Reine
Flora	lateinisch	die Blume
Florian	lateinisch	der Prächtige
Franz/Frank/Franziska	althochdeutsch	der/die Freie
Gabriel/Gabriele	hebräisch	Gott ist mein Held
Georg	griechisch	der die Erde bearbeitet
Gisela	althochdeutsch	die Geisel
Gregor	griechisch	der Wachsame
Hanna/Hannah	hebräisch	die Anmutige
Helena/Elena/Lena	griechisch	die Schöne/die Strahlende
Isabella	hebräisch	mein Gott ist Fülle
Jakob	hebräisch	Gott möge schützen
Jasmin	persisch	die Blume
Johannes/Johanna/Janina	hebräisch	Jahwe ist gnädig
Julian/Julia	lateinisch	der/die Fröhliche
Katharina/Katrin/Karin	griechisch	die Reine
Kira	russisch	die Herrin
Konrad/Kurt/Curd	althochdeutsch	kühner Ratgeber

Laura	lateinisch	die mit Lorbeer Geschmückte
Leah	hebräisch	die sich Mühe gibt
Leo/Lea	lateinisch	der Löwe/die Löwin
Leonhard	althochdeutsch	der starke Löwe
Lotte	althochdeutsch	die Tüchtige
Lucy	lateinisch	die Strahlende
Ludwig/Luisa	althochdeutsch	der/die berühmte Krieger/Kriegerin
Lukas	griechisch	der Leuchtende
Maja	lateinisch	die Höhere
Maria/Marie/Mia	hebräisch	Stern des Meeres
Martin/Martina	lateinisch	der/die Kriegerische
Mathias	hebräisch	von Gott gegeben
Maximilian	lateinisch	der Größte
Michael/Michaela	hebräisch	wer ist wie Gott
Moritz	lateinisch	der aus Mauretanien stammt
Nikolaus/Nicole	griechisch	Sieger des Volkes
Noah	hebräisch	Trostbringer
Nora	altfranzösisch	die Fremde
Oskar/Oscar	germanisch	Gottes Speer
Paul/Paulina	lateinisch	der/die Kleine
Peter/Petra	griechisch	der Felsen
Phillip	griechisch	Pferdefreund
Quentin	lateinisch	der Fünfte
Raphael/Raphaela	hebräisch	Gott hat geheilt
Regina	lateinisch	die Königin
Reinhard	althochdeutsch	der Ratstarke
René/Renate/Rena	lateinisch	der/die Wiedergeborene
Ricarda	althochdeutsch	die Mächtige
Ronnie/Ronny	nordisch	der Beschlussfassende
Rosa	lateinisch	die Rose
Samuel	hebräisch	der von Gott Erbetene
Sara	hebräisch	Morgenstern
Sebastian	griechisch	der Ehrwürdige
Silke	lateinisch	die Himmlische

Simon/Simone	hebräisch	Gott hat gehört
Sofia/Sophia	griechisch	die Weise
Stefan/Stephan/Stefanie	griechisch	der/die Bekränzte
Stella	lateinisch	der Stern
Tanja	lateinisch	die Kämpferische
Teresa	griechisch	die Wilde
Theo/Theodor/Thea	griechisch	Gottesgeschenk
Thomas	aramäisch	Zwilling
Tilda/Mechthild	althochdeutsch	Macht/Kraft
Tobias	hebräisch	der Gütige
Tristan	keltisch	der Wächter
Ursula	lateinisch	kleine Bärin
Ute	althochdeutsch	die Reiche
Valentin/Valentina	lateinisch	der/die Starke
Valerie	lateinisch	die Starke
Verena	lateinisch	die Scheue
Viktor/Viktoria	lateinisch	der/die Sieger/in
Vincent	lateinisch	der Siegende
Viola	lateinisch	Veilchen
Vivian	lateinisch	die Lebhafte
Wilhelm/Wilma/Liam	althochdeutsch	Entschlossenheit
Xaver	baskisch	neues Haus
Zoe	griechisch	Leben

Aufstellung der Hochzeitstage

0	Der Hochzeitstag/Grüne Hochzeit
1	Papierhochzeit
2	Baumwollhochzeit
3	Lederhochzeit
4	Seidenhochzeit
5	Holzhochzeit
6	Zuckerhochzeit
7	Kupferhochzeit
8	Blechhochzeit
9	Keramikhochzeit
10	Rosenhochzeit
11	Stahlhochzeit
12	Leinenhochzeit
13	Spitzenhochzeit
14	Elfenbeinhochzeit
15	Kristallhochzeit/Gläserne Hochzeit
16	Saphirhochzeit
17	Orchideenhochzeit
18	Türkishochzeit
19	Perlmutthochzeit
20	Porzellanhochzeit
21	Opalhochzeit
22	Bronzehochzeit
23	Titanhochzeit
24	Satinhochzeit
25	Silberhochzeit
26	Jadehochzeit
27	Mahagonihochzeit
28	Nelkenhochzeit
29	Samthochzeit
30	Perlenhochzeit
31	Lindenhochzeit
32	Seifenhochzeit
33	Zinnhochzeit
34	Amberhochzeit
35	Leinwandhochzeit
36	Smaragdhochzeit
37	Malachithochzeit
38	Feuerhochzeit
39	Sonnenhochzeit
40	Rubinhochzeit
41	Birkenhochzeit
42	Granathochzeit
43	Bleihochzeit
44	Sternenhochzeit
45	Messinghochzeit
46	Lavendelhochzeit
47	Kaschmirhochzeit
48	Diademhochzeit
49	Zedernhochzeit
50	Goldene Hochzeit
51	Weidenhochzeit
52	Topashochzeit
53	Uranhochzeit
54	Zeushochzeit
55	Smaragdhochzeit
56	Asternhochzeit
57	Jadehochzeit
58	Ahornhochzeit
59	Gezeitenhochzeit
60	Diamanthochzeit
61	Ulmenhochzeit

62	Aquamarinhochzeit
63	Quecksilberhochzeit
64	Himmelshochzeit
65	Eiserne Hochzeit
66	Jasminhochzeit
67	Steinerne Hochzeit
68	Granithochzeit
69	Lärchenhochzeit
70	Gnadenhochzeit
71	Ockerhochzeit
72	Titanhochzeit
73	Gusseisenhochzeit
74	Apfelhochzeit
75	Kronjuwelenhochzeit
76	Zypressenhochzeit
77	Lavendelhochzeit
78	Ebenholzhochzeit
79	Bambushochzeit
80	Eichenhochzeit
81	Karneolhochzeit

82	Nelkenhochzeit
83	Begonienhochzeit
84	Irishochzeit
85	Engelshochzeit
86	Jaspishochzeit
86	Walnusshochzeit
88	Birnenhochzeit
89	Onyxhochzeit
90	Marmorhochzeit
91	Heliodorhochzeit
92	Lilienhochzeit
93	Lapislazulihochzeit
94	Peridothochzeit
95	Sandelholzhochzeit
96	Olivenhochzeit
97	Turmalinhochzeit
98	Eibenhochzeit
99	Araukarienhochzeit
100	Himmelshochzeit

Die Autorin

Mag. phil. Renate Kauderer studierte Germanistik und Anglistik in Graz, wo sie heute auch lebt und als Autorin und Leiterin eines Seminarzentrums tätig ist. Vor über 30 Jahren kam sie über ein Projekt der Sprachforschung in der Steiermark mit der Kräutertradition und dem Kräuterwissen unserer Ahnen in Berührung. Weitere Nachforschungen über die „magischen Zauberpflanzen" führten zu Ausbildungen über Aromatologie und Osmologie mit besonderem Fokus auf die prozessorientierte aromatherapeutische Duftarbeit. Aus der Freude an der Arbeit mit den Pflanzenkräften und aufgrund der Resonanz, die das Unbewusste auf Düfte zeigt, haben sich Seminare für interessierte Menschen entwickelt. Der Brückenschlag zu den Kräften der Pflanzensphäre hat sich als inspirierende Erfahrung für viele Menschen erwiesen.

Informationen zu Büchern, Ausbildungslehrgängen, Seminaren und Workshops sind auf www.rauch-zeichen.at angeführt. Individuelle Beratungstermine erhalten Sie nach Vereinbarung.
Alle Produkte, die in diesem Buch angeführt sind, sowie eine Auswahl an sorgfältig und fachkundig erstellten Räuchermischungen zu verschiedenen Themenbereichen sind ebenfalls unter
www.rauch-zeichen.at erhältlich.

Quellenverzeichnis

Appel, Jennie & Grosser Dirk:
Brigid, Darmstadt: Schirner 2016

Banzhaf, Hajo & Haebler, Anna:
Schlüsselworte zur Astrologie, 2. Auflage, Kailash 2007

Blackwell, Christopher W. & Hackney Blackwell, Amy:
Mythologie für Dummies, Weinheim: Wiley-VCH 2015

Bly, Robert: *Iron John: A book about men, Boston: Da capo Press 2015*

Brauers, Peter: *Hochzeitsbräuche: Das etwas andere Sachbuch zur Hochzeit, 3. Auflage, Norderstedt: Books on Demand 2011*

Davis, Elizabeth & Leonard Carol:
Im Kreis des Lebens: die dreizehn Archetypen der Frauen, Uhlstädt-Kirchhasel: Arun 2005

Diederichs, Ulf: *Who's who im Märchen, München: DTV 1995*

Duden: *Lexikon der Vornamen, 7. Auflage, Berlin: Dudenverlag 2016*

Eason, Cassandra: *The Complete Book of Women's Wisdom, London: Piatkus 2001*

Ehrenreich, Barbara & English, Deirdre:
Witches, Midwives & Nurses: A History of Women Healers, 2. Auflage, New York: Feminist Press 2010

Eliade, Mircea: *Rites and Symbols of Initiation, 3. überarb. Auflage, Thompson, Conn: Spring Publications 2017*

Ferguson, Joy: *Magical Weddings: Pagan handfasting traditions for your sacred union, Toronto: ECW Press 2001*

Frazer, James George:
The Golden Bough, Oxford: Oxford University Press 2009

Garden Stone: *Göttin Holle: Auf der Suche nach einer alten Göttin, 2. überarb. Auflage, Norderstedt: Books on Demand 2002-2006*

Gélis Jacques: *History of Childbirth, Malden: Polity Press 2005*

Golther, Wolfgang: *Germanische Mythologie, 4. Auflage, Wiesbaden: Marix Verlag 2011*

Gsellmann, Marc & Hartman, Thomas:
Religionen der Welt für Dummies, Weinheim: Wiley-VCH 2016

Hasenfratz, Hans-Peter:
Barbarian Rites: The spiritual world of the Vikings and the Germanic tribes, Rochester, Vermont, Toronto, Canada: Inner Traditions 2011

Hasenfratz, Hans-Peter:
Leben mit den Toten: Eine Kultur- und Religionsgeschichte der anderen Art, Freiburg: Herder 1998

Kauderer, Renate: *Handbuch der heimischen Räucherpflanzen, 2. erw. Auflage, Graz: print-verlag 2015*

Kauderer, Renate: *Faszination Räuchern: Kulturgeschichte der Räucherpflanzen, Graz: print-verlag 2015*

Kauderer, Renate: *Heimische Bäume: Ihr Wesen erkennen und ihre Botschaft verstehen, 2. Auflage, Graz: print-verlag 2020*

Kauderer, Renate: *Bäume aus aller Welt: Kraft und Inspiration aus der Natur, Graz: print-verlag 2014*

Kauderer, Renate: *Blumengeheimnisse: Blumensprache und Orakel als Botschaft und Inspiration, Graz: print-verlag 2014*

Kauderer, Renate: *Mythen als Spiegel der Seele: Mythenorakel als Tor zur inneren Weisheit, Graz: print-verlag 2017*

Kauderer, Renate: *Mystische Raunächte: Verbunden mit unseren Wurzeln, Graz: print-verlag 2015*

Kauderer Renate: *Der rituelle Jahreskreis: Feste, Bräuche und Rituale im Jahreskreis, Graz: print-verlag 2019*

Madjesky, Margret: *Das alternative Kinderwunschbuch, München: Arkana 2015*

Madjesky, Margret: *Lexikon der Frauenkräuter, 2. Auflage, Baden und München: AT Verlag 2009*

Metzner, Ralf: *Der Brunnen der Erinnerung, 2. erw. Auflage, Uhlstädt-Kirchhasel: Arun 2012*

Müller-Ebeling, Claudia & Rätsch, Christian & Storl, Wolf-Dieter: *Hexenmedizin: Die Wiederentdeckung einer verbotenen Heilkunst – schamanische Traditionen in Europa, 7. Auflage, Aarau: AT Verlag 2009*

Niehörster, Thomas: *Wilde Frauen: Mythische und mystische Frauengestalten der Alpen, Bad Hindelang: Ursus 2008*

Storl, Wolf-Dieter: *Naturrituale: Mit schamanischen Ritualen zu den eigenen Wurzeln finden, 5. Auflage, Baden und München: AT Verlag 2010*

Tacitus: *Germania, Köln: Anaconda 2009*

Ulbrich, Björn & Gerwin, Holger: *Die Hohe Zeit: Rituale und Zeremonien für Hochzeit, Lebensbund und Familie, 2. Auflage, Uhlstädt-Kirchhasel: Arun 2006*

Urlin, Ethel L.: *A Short History of Marriage – Marriage Rites, Customs and Folklore in Many Countries and all Ages, Lightning Source UK Ltd., Milton Keynes UK*

Walker, Barbara G.: *Die Weise Alte, 3. Auflage, San Francisco: Harper & Row Publishers 2001*

Walker, Barbara G.: *Die spirituellen Rituale der Frauen: Zeremonien und Meditation für eine neue Weiblichkeit, München: Hugendubel 1998*

Walker, Barbara G.: *Das geheime Wissen der Frauen, Uhlstädt-Kirchhasel: Arun 2003*

Zeh, Katharina: *Handbuch Ätherische Öle, 3. Auflage, Oy-Mittelberg: Joy Verlag 2009*

Zingsem, Vera: *Göttinnen großer Kulturen, Schalksmühle: Pomaska-Brand 2008*

Bilder: Quellenverzeichnis

Fotos von © stock.adobe.com:

Cover: Sonne/Mond © Olga; Ornament © imichman; Hintergrund © mangpor2004; Themenbilder: Monika Stanke

Innenteil: S 8 © Ramona Heim; S 13 © LianeM; S 16 © Christine Wulf; S 17 © orestligetka; S 23 Eisenkraut © tunedin; S 24 Myrrhe © behewa; S 26 Beifuß © Joachim; S 27 Wermut © Vidady; S 28 Eberraute © ExQuisine; S 36 Würfeln © Fiedels; S 36 Würfeln einzeln © Uros Petrovic; S 42–47 © weissdesign; S 50 © loreanto; S 52 Amethyst © Minakryn Ruslan; Bernstein © IGOR; Bergkristall © Alexander Potapov; Rhodochrosit © Edith Ochs; S 78 © pirotehnik; S 83 © Raven Creative; S 87 Fichte © GCapture; Frauenmantel © Exquisine; Farn © eyetronic; S 88 Mädesüß © nadin333; Myrte © Scisetti Alfio; Rose © Jenny Sturm; S 89 Rosmarin © Marina Lohrbach; S 90 © orlovphoto; S 94 © Thomas Söllner; S 97 © Yevhenii Kukulka; S 101 © Vesna Cvorovic; S 109 v. o. n. u.: © Olga; © galaganov; © satit; © ihorshmatenko; © benevolente; S 125 © Gabriele Rohde; S 128 © Halfpoint; S 140 © defpics; S 159 Eibe © unpict; S 160 Thuje © unpict; Wacholder © coco; S 161 Efeu © Marty Kropp; Heidekraut © Alexander Potapov; S 162 Rosmarin © Marina Lohrbach; Chrysantheme © voren1; S 163 Immergrün © ksena32; Zypresse © Scisetti Alfio; S 172 © behewa;

Aromatherapie mit Räucherpflanzen

Das Praxisbuch für die aromatherapeutische Anwendung von Räucherpflanzen

Von Renate Kauderer

1. Auflage September 2017
242 Seiten, Softcover, in Farbe
mit zahlreichen Abbildungen
ISBN: 978-3-903163-07-2
Euro 19,–

In allen Kulturen findet sich ein vielfältiges Wissen über die medizinische, aromatherapeutische Verwendung von Räucherpflanzen.

In diesem Handbuch für die Praxis stellt die Autorin 63 Räucherpflanzen mit ihrer Tradition in der Räucherheilkunde, ihren Inhaltsstoffen und deren Wirkung sowie praktischen Anwendungsmöglichkeiten umfassend vor.

Das Vermächtnis der alten Kräuterärzte über die Elementar- und Planetenkräfte in den Pflanzen gibt einen weiteren Einblick in die Wirkkräfte der Räucherstoffe.
Anschauliches Bildmaterial, thematische Zuordnungen sowie eine Fülle von Anregungen und Rezepten führen Sie auf einfache und leicht verständliche Weise in die Arbeit mit den Pflanzenkräften ein.

Begegnung mit PflanzenSpirits

Die Botschaft der Pflanzenseele als Schlüssel zum Unbewussten

63 Pflanzenkarten
9 Pfadkarten & Begleitbuch

Von Renate Kauderer

2. Auflage April 2015
63 Pflanzen- u. 9 Pfadkarten, in Farbe
mit einem umfangreichen
Begleitbuch mit 160 Seiten
ISBN: 978-3-9503758-4-8
Euro 24,–

In 63 liebevoll gestalteten Pflanzenporträts erkennen wir in der Botschaft der Pflanzenseele die tiefen Zusammenhänge unserer gegenwärtigen Lebenssituation. Der Kontakt mit diesen Naturwesen aus dem Pflanzenreich schenkt uns schöpferische Impulse, um unbewusste Denk- und Verhaltensmuster, die Hindernisse auf unserem Weg sind, zu erkennen. Wir erhalten durch diese Begegnung wertvolle Hinweise für unsere nächsten Entwicklungsschritte.
Als Pflanzenorakel in einem Ritual oder als kreativer Hinweis für den Alltag helfen diese Botschaften, uns selbst besser kennenzulernen und unsere verborgene Weisheit wahrzunehmen.
Sowohl das botanische Wissen über die Pflanzen als auch die Geschichte ihrer volksmedizinischen und magischen Verwendung werden dieses Handbuch zu einem nützlichen Nachschlagewerk machen, wenn Sie sich mit den Pflanzen näher befreunden möchten.

Heimische Bäume

Ihr Wesen erkennen und ihre Botschaft verstehen

Botanisches Wissen | Mythen | Heiltradition | Signaturen
Räucherwirkung | meditative Inspirationen
Baumsprache | Arbeit mit dem Kraftfeld

Von Renate Kauderer

2. Auflage August 2020
276 Seiten, mit zahlreichen Illustrationen in Farbe
ISBN: 978-3-9503758-0-0
Euro 19,–

Ein stimmungsvolles Buch mit einer Fülle an Informationen, das Sie auf eine spannende Reise in die Welt unserer heimischen Bäume führt. Seit Urzeiten sind Menschen von Bäumen fasziniert. In vielen Kulturen sind sie als Weltenbaum ein Spiegel der kosmischen Ordnung. In alter Zeit waren sie Symbole für die Anwesenheit göttlicher Weisheit, repräsentierten Kraft, boten Schutz und schenkten heilende, medizinische Substanzen.

33 heimische Bäume werden mit botanischen Daten, forstwirtschaftlichen Aspekten, Signaturen, Legenden, Mythen sowie ihrer volksmedizinischen und magischen Verwendung vorgestellt. Der Bogen spannt sich vom vergessenen Wissen unserer Ahnen bis zum praktischen Nutzen in der Gegenwart.

Forschungsergebnisse belegen die erstaunliche Kommunikation der Bäume mit ihrer Umwelt. Ihre Mythen verbinden uns mit versunkenen Kulturen und erzählen von der tiefen Verbindung zwischen Baum und Mensch. Blüten, Blätter, Rinden, Harze und Hölzer sind Räucherstoffe, die das Wesen des jeweiligen Baumes über ihre Duftbotschaft auf eindrucksvolle Weise erfahrbar machen. Meditative Inspirationen und die Arbeit mit dem Schwingungsfeld des Baumes lassen Sie an der kraftvollen Wesenheit der Bäume teilhaben.

Was Bäume raunen

Baumorakel als Brücke zur inneren Weisheit

54 Orakelkarten & Begleitbuch

Von Renate Kauderer

2. Auflage April 2016
54 Orakelkarten, in Farbe
mit einem umfangreichen
Begleitbuch mit 134 Seiten
ISBN: 978-3-9503758-1-7
Euro 24,–

Seit Urzeiten existiert ein geheimnisvolles Band zwischen Baum und Mensch. Bäume repräsentierten Kraft und Weisheit. Sie waren Symbole für Schutz, Magie und Liebe über den Tod hinaus. Weltweit begegnen sie uns als Hüter heiliger Stätten. Im Flüstern und Rauschen alter, mächtiger Bäume vernahmen die Seherinnen und Priesterinnen versunkener Kulturen Botschaften aus der geistigen Welt.
Vor allem aber sind Bäume gütige Lehrer, die uns in den Rhythmus der Natur eingliedern, mit ihrer Kraft inspirieren und dem Wissen des Herzens erfüllen.

54 ausdrucksstarke Karten und ihre begleitenden Botschaften verbinden Sie mit der Weisheit der Bäume. Als Baumorakel oder inspirierender Hinweis für den Alltag schenken Ihnen die Botschaften Einblick in Ihre gegenwärtige Lebenssituation.

54 Karten mit Begleitbuch

Bäume aus aller Welt

Kraft und Inspiration aus der Natur

Botanische Daten | Mythen | Symbolik | Heiltradition
magische Überlieferung | Räucherwirkung

Von Renate Kauderer

1. Auflage September 2014
23 Bäume in Farbe mit
zahlreichen Illustrationen
168 Seiten
ISBN: 978-3-9503758-6-2
Euro 13,50

Ein faszinierendes Buch, das Sie auf eine inspirierende Entdeckungsreise zu Baumpersönlichkeiten auf allen Kontinenten führt. Im Laufe der Zeitalter wandelten die Giganten der Pflanzenwelt das Antlitz der Erde nachhaltiger als jedes andere Lebewesen. Viele Völker überliefern sie als archaisches Sinnbild der Schöpfung, als Wächter sakraler Orte, Symbol göttlicher Kraft und Tor zur geistigen Welt.
Ihre heilenden Substanzen haben seit Jahrtausenden nichts an Aktualität verloren.
Im zweiten Teil der Baumreihe werden 23 Bäume aus aller Welt mit botanischen Daten, forstwirtschaftlichen Informationen, Legenden, Mythen, kosmischen Einflüssen sowie volksmedizinischer und magischer Überlieferung in ihrem kulturellen Kontext vorgestellt.
Ihre Blüten, Blätter, Rinden, Harze und Hölzer unterstützen als heilsame Räuchersubstanzen seit Jahrtausenden unser Wohlbefinden.
Tauchen Sie ein in die Welt der Bäume, um Ruhe, Kraft und Inspiration aus dem Reich der Natur zu erfahren.

Blumengeheimnisse

Blumensprache und Orakel als Botschaft und Inspiration

Botanische Daten | Geschichte | Heilwissen | Symbolik Mythologie | magische Bedeutung | Signaturen | Blumensprache | Blumenkarten mit inspirierenden Botschaften

54 Orakelkarten & Begleitbuch

Von Renate Kauderer

1. Auflage Mai 2014
54 Orakelkarten, in Farbe mit einem umfangreichen Begleitbuch mit 209 Seiten
ISBN: 978-3-9503758-2-4
Euro 24,–

Über Jahrtausende waren Blumen Boten für unsere Gefühle, die sie besser zu übermitteln wissen als so manches Wort. Sie sprechen von Liebe, glühender Leidenschaft, Treue, Freundschaft, Wertschätzung und Trauer. Viele von ihnen unterstützen als Heilpflanzen unsere Gesundheit und unser Wohlbefinden. Andere repräsentieren schutzmagische Kräfte, Liebeszauber oder die Weisheit des Orakels.
Dieses Buch weiht Sie in die Geheimnisse der Blumensprache ein, damit Sie jemanden durch die Blume sagen können, was in Worten schwerfällt. Lassen Sie sich von dieser fantasievollen Sprache verzaubern und brechen Sie mit den Blumen auf eine Reise in versunkene Kulturen und exotische Länder auf.
Mit 54 Blumen im Porträt, die mit botanischem Wissen, ihrer Geschichte, Heilwissen, Symbolik, Mythologie, magischer Bedeutung, Signaturen und thematischer Zuordnung vorgestellt werden.
54 liebevoll gestaltete Karten und ihre Begleittexte verbinden Sie mit den inspirierenden Botschaften der Blumen. Als Blumenorakel in einem Ritual oder als kreativer Hinweis für den Alltag helfen Ihnen diese Botschaften, die verborgenen Strömungen in Ihrem Leben und die innere Weisheit wahrzunehmen.

Handbuch der heimischen Räucherpflanzen

Räucherduft und Rituale zum Wohlfühlen und Krafttanken

Von Renate Kauderer

2. erweiterte Auflage März 2015
268 Seiten, Softcover, in Farbe
mit zahlreichen Abbildungen
ISBN: 978-3-9503758-7-9
Euro 19,–

Räucherrituale sind ein sinnlicher Genuss. Sie steigern das Wohlbefinden und wecken die Lebensgeister. Sie erlauben uns, in unserer Mitte zu ruhen, um Kraft für die vielfältigen Herausforderungen des Alltags zu schöpfen.

Mit 69 heimischen Räucherpflanzen im Porträt, die mit ausführlichen Erläuterungen ihrer Wirkungsweise, traditioneller und magischer Verwendung, Signaturen und zeitgemäßen Anwendungsmöglichkeiten vorgestellt werden.

Anschauliches Bildmaterial sowie Anleitungen zum Sammeln, Trocknen und Herstellen von Räuchermischungen machen die Arbeit mit den Pflanzen zum Vergnügen. Inspirierende Rituale mit duftendem Rauch heben uns auf magische Weise aus dem Alltag heraus, um uns Zeit und Raum für Entfaltung zu geben.

Faszination Räuchern

Kulturgeschichte der Räucherpflanzen
90 Pflanzenporträts
Rituale und praktische Anwendungen

Von Renate Kauderer

1. Auflage Oktober 2015
272 Seiten, Softcover, in Farbe
mit zahlreichen Abbildungen
ISBN: 978-3-9503758-8-6
Euro 24,50

Räucherwerk zählt zum Fundament menschlicher Entwicklungsgeschichte und das Eintauchen in duftenden Rauch zu den ältesten rituellen Praktiken. Die Verbindung mit der Welt des Göttlich-Unfassbaren, Magie und Heilwege werden seit dem Morgenlicht der Zeit von verglimmenden Aromapflanzen begleitet. Ein Streifzug durch die Kulturgeschichte des Räucherns führt Sie in versunkene Epochen und macht Sie mit zeitgenössischen Räuchertraditionen rund um den Erdball bekannt.

Von Adlerholz bis Zirbelkiefer werden 90 Räucherpflanzen in ihrer Wirkungsweise hinsichtlich ihrer traditionellen, magischen und medizinischen Verwendung sowie mit ihren praktischen Anwendungsmöglichkeiten vorgestellt. Anschauliches Bildmaterial und thematische Zuordnungen führen Sie auf einfache und vergnügliche Weise in die magische Kraft des Räucherns ein.

Das Buch ist eine Brücke zu den Kräften der Natur und Begleiter zum kreativen, inspirierenden Umgang mit Pflanzenenergien.

Mystische Raunächte

Verbunden mit unseren Wurzeln

Mythen, Kult, Räucher- und Tarotrituale für eine inspirierende Zeit der Neuorientierung

Von Renate Kauderer

1. Auflage November 2015
196 Seiten, mit zahlreichen Illustrationen in Farbe
ISBN: 978-3-9503758-9-3
Euro 19,–

Die Zeit rund um die Sonnenwende und den Wechsel der Jahre hat die Menschen seit grauer Vorzeit fasziniert. In dieser mystischen „Zeit zwischen den Zeiten" sind wir über Mythen und archaische Rituale besonders intensiv mit unseren Wurzeln verbunden und mit der gütigen Führung aus der geistigen Welt gesegnet.

Mit Mythen, Legenden sowie einer Fülle an Informationen begleitet die Autorin Sie durch den Zauber dieser Tage und Nächte, um Sie mit den archaischen Wurzeln unseres Raunachts-Brauchtums bekannt zu machen. Eine Ritualreise durch diese schöpferische Zeit der Neuorientierung unterstützt Sie dabei, die Fäden des Schicksals zu einer glücklichen Zukunft zu verweben. Räucherrituale verbinden Sie mit der Kraft der Winter-Mysterienpflanzen und ihren Botschaften. Mediationen zur zeitlosen Weisheit der Tarot-Schlüssel sowie Tarotrituale erweisen sich auf dieser Reise als Quelle der Inspiration für die Umsetzung Ihrer Visionen.

Tauchen Sie in den Zauber dieser geheimnisvollen Tage und Nächte ein, um im Einklang mit den Kräften der Natur Ruhe, Freude, Weisheit und kraftvolle Neuorientierung zu erfahren.

Raumklärung

Gute Energie schaffen und erhalten

Ein Leitfaden für die Praxis

Von Renate Kauderer

1. Auflage September 2016
130 Seiten, mit zahlreichen
Illustrationen in Farbe
ISBN: 978-3-903163-01-0
Euro 9,90

Wohlbefinden und Gesundheit werden von einem harmonischen Wohnumfeld maßgeblich beeinflusst.
Die Neutralisierung von Störfeldern und Energien, die wir als bedrückend und unbehaglich empfinden, trägt entscheidend dazu bei.

In diesem praxisorientierten Leitfaden zeigt die Autorin, wie Sie belastende Energie ganz einfach aufspüren. In leicht verständlichen Schritten werden Sie durch eine energetische Hausreinigung geführt.
Viele Anregungen für individuelle Situationen sowie ausführliche Anleitungen zum dauerhaften Erhalt guter Wohnenergie verwandeln Ihr Zuhause im Nu in eine Wohlfühl-Oase.
Anschauliches Bildmaterial, verschiedene Methoden der Raumklärung und Räucherrituale zeigen Ihnen, wie Sie unerwünschte Energie rasch und effektiv auflösen.
Mit 63 bewährten traditionellen Reinigungs- und Schutzpflanzen, die mit thematischer Zuordnung vorgestellt werden.
Ein grundlegendes Buch für die Schaffung einer harmonischen Raumatmosphäre.

Der rituelle Jahreskreis

Feste, Bräuche und Rituale im Jahreskreis

Von Renate Kauderer

1. Auflage März 2019
244 Seiten, Softcover, in Farbe
mit zahlreichen Abbildungen
ISBN: 978-3-903163-12-6
Euro 19,–

Im Einklang mit der Natur leben

Seit Jahrtausenden feiern Menschen Feste im Jahreskreis, die jeweils bestimmte existenzielle Lebensthemen widerspiegeln.
In vorchristlicher Zeit regierte die Göttin mit dem Lichtgott an ihrer Seite über das Jahr und seine besonderen Wendepunkte, die man als Feste feierte.
In diesem liebevoll gestalteten Buch führt die Autorin Sie auf einer spannenden Reise durch das Brauchtumsjahr zu seinen archaischen Wurzeln in grauer Vorzeit.
Von Maria Lichtmess über Walpurgis und die Sonnenwende bis hin zur Ruhezeit der Raunächte treffen wir auf den Spuren alter Götter und in Begleitung christlicher Heiliger magische Pflanzen, uralte Symbolik und Naturweisheit.
Zahlreiche Rituale ermöglichen es Ihnen, in die jahreszeitliche Energie einzutauchen, um neue Erfahrungen und Sichtweisen zu erleben. In den Ritualen und praktischen Übungen begleiten Sie Runen, Bäume, mythische Archetypen und Pflanzenzauber aus vorchristlicher Zeit. Andere Vorschläge führen das wertvolle Wissen vergangener Generationen in einen modernen Kontext über.

Mythen als Spiegel der Seele

Mythenorakel als Tor zur inneren Weisheit

Kartenset mit 45 Karten

Von Renate Kauderer

1. Auflage November 2017
45 Karten mit Begleitbuch mit
212 Seiten, Softcover
ISBN: 978-3-903163-09-6
Euro 24,–

Mythen entführen uns in eine Welt voller Zauber und Weisheit.
Sie erzählen von der Schöpfung der Welt, der kosmischen Ordnung, dem Kampf zwischen Gut und Böse, der beseelten Natur und vielem mehr, was der Mensch seit Anbeginn der Zeit zu verstehen versucht.
In diesem Buch sind die Mythen mit ihren archetypischen Kräften ein Tor zur inneren Weisheit.
45 zauberhafte Karten und ihre Begleittexte verbinden Sie mit der Botschaft der Mythen. Als inspirierender Hinweis für den Alltag helfen Ihnen diese Botschaften dabei, Verborgenes aus der Welt des Unbewussten oder der höheren Sicht der Seele wahrzunehmen.
Verschiedene Legemethoden, innere Reisen und viele kreative Anregungen ermöglichen die Verbindung mit der jeweiligen Kraft der Mythen und ihrer archaischen Magie.

45 Karten mit Begleitbuch

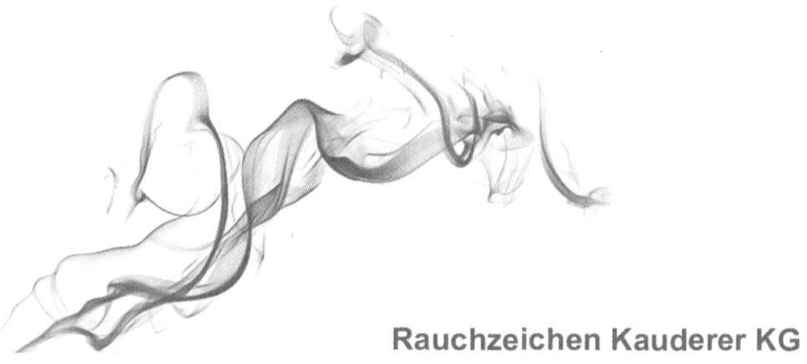

RK Kräuter College Kauderer KG | Rauchzeichen Kauderer KG
Schanzelgasse 15 | 8010 Graz
Tel.: +43 664 52 49 700 | E-Mail: office(at)rauch-zeichen.at